Alessandro Manotti

CURSO PRÁTICO auditoria de sistemas

Compreenda como funciona o processo de Auditoria Interna e Externa em Sistemas de Informação de uma forma prática

2ª Edição

EDITORA CIÊNCIA MODERNA

Curso Prático - Auditoria de Sistemas

Compreenda como funciona o processo de Auditoria Interna e Externa em Sistemas de Informação de uma forma prática – 2ª Edição

Editor: Paulo André P. Marques
Produção Editorial: Aline Vieira Marques
Capa: Flávia Lamego
Diagramação: Carlos Arthur Candal
Copidesque: Aline Vieira Marques
Assistente Editorial: Dilene Sandes Pessanha

FICHA CATALOGRÁFICA

MANOTTI, Alessandro Zacarias.

Curso Prático - Auditoria de Sistemas
Compreenda como funciona o processo de Auditoria Interna e Externa em Sistemas de Informação de uma forma prática – 2ª Edição

Rio de Janeiro: Editora Ciência Moderna Ltda., 2015.

1. Teoria da Informação 2. Auditoria
I — Título

ISBN: 978-85-399-0616-1 CDD 003.54
657.45

Editora Ciência Moderna Ltda.
R. Alice Figueiredo, 46 – Riachuelo
Rio de Janeiro, RJ – Brasil CEP: 20.950-150
Tel: (21) 2201-6662/ Fax: (21) 2201-6896
E-MAIL: LCM@LCM.COM.BR
WWW.LCM.COM.BR

01/15

Agradecimentos

Primeiramente a Deus por esta oportunidade, minha esposa, Cecília Polo Denadai, que tem me apoiado nessa grande jornada da vida, a meu pai Francisco Misrain Manotti, e a todos os meus familiares, sobrinhos e mascotes prediletos.

Profissionalmente, a todos meus gestores e colegas das empresas onde trabalhei, e trabalho atualmente, estes em algum momento contribuíram/ contribuem para meu crescimento pessoal, profissional pelos desafios apresentados e convividos diariamente.

Sobre o Autor

ALESSANDRO MANOTTI, CISA
alessandromanotti@hotmail.com

Profissional com mais de 15 anos na área Auditoria de Sistemas e Segurança da Informação, participando em projetos de instituições financeiras, telecomunicações e indústrias no Brasil e Exterior.

Atualmente é Auditor Sênior de Sistemas em um dos maiores conglomerados financeiros da América Latina.

Atuou como Local Information Security Officer da maior empresa do mundo em serviços de terceirização para processos de negócios (BPO).

Trabalhou em um dos maiores grupos financeiros internacionais da Europa, consultor em duas das BIG4 de Auditoria, realizando projetos de auditoria, normatização (SOX, Basiléia II, CVM), conscientização com foco em padrões internacionais (COBIT ITIL, ISO27001) e participação em grandes projetos como Gestão de Identidades.

Profissional certificado pela ISACA como Certified Information System Auditor (CISA) e Certified Information Security Manager (CISM).

Sumário

Capítulo 2

Capítulo 3

Capítulo 6

Capítulo 7

Prefácio

Senti a necessidade de desenvolver esse material para preencher uma lacuna de formação, cursos e conhecimento prático sobre o assunto Auditoria de Sistemas aos profissionais de Tecnologia da Informação, ou seja, a aplicação prática de todas as metodologias e boas práticas que vemos no mercado de TI.

Entendo que o objetivo principal das empresas é sua área estratégica, seu Core Business, ou seja, sua missão como empresa e a Tecnologia da Informação entra nesse cenário como agente transformador e realizador dessa missão.

Daí a necessidade de simplificar o assunto para diversas audiências, seja o próprio auditor, o agente de segurança da informação, o gestor de TI ou mesmo a própria área de negócio interessada em manter um nível maior de controle sobre seus processos automatizados.

Boa Prática.

Prefácios - Convidados

Agnaldo Gonçalves

Quando pensamos em segurança das informações nas corporações, precisamos lembrar que essa é uma disciplina relativamente nova em comparação com as outras áreas do conhecimento humano, embora os sistemas de controle de confidencialidade, tais como a cifragem, a criptografia ou a guarda de documentos em cofres, existam desde os primórdios da história. Por exemplo: Júlio Cesar, Imperador Romano, já empregava a cifragem criptográfica em suas mensagens transmitidas em papel por meio de mensageiros; nas grandes guerras, outros sistemas para guarda de segredos, fórmulas e conhecimentos foram desenvolvidos e utilizados.

Com o advento da computação científica e comercial, a partir da década de 1960, surgiram as disciplinas de Análise de Sistemas, Programação de Computadores e Auditoria de Sistemas, que cresceram com a aplicação da ciência dos computadores nos meios acadêmicos, científicos, industriais e comerciais.

Dentre essas disciplinas, deve ser destacada a Auditoria de Sistemas, pois foi pelo seu desenvolvimento que a disciplina de Segurança da Informação começou a ser delineada e sistematizada pelos primeiros profissionais interessados no assunto. Isto se deve ao fato de que a Auditoria de Sistemas nasceu justamente para verificar e certificar se os sistemas computacionais estão de acordo com as premissas para as quais originalmente os mesmos foram criados; se controles suficientes estão incorporados aos códigos para permitir que exista uma confiabilidade mínima e, assim, seja dado um conforto aos usuários e detentores de tal sistema; fazer com que haja uma garantia de manutenção da referida confiabilidade ao longo do tempo de vida do sistema.

Com a evolução visível nas transações entre entidades, provocada pelo advento da globalização, traz um novo papel para o processo de auditoria, principalmente depois dos recentes escândalos de grandes empresas que, por exemplo, forneceram informações contábeis distorcidas e irreais aos seus negociadores de ações. Ao resultar em grandes prejuízos para alguns acionistas, isto os leva a falta de confiança sobre a veracidade das informações divulgadas pelas empresas de um modo geral e cria certa instabilidade em relação à segurança nos negócios e a credibilidade das auditorias, internas e externas.

Este livro aborda de maneira concreta e objetiva o principal problema de algumas áreas de auditoria, ou seja, a ausência de uma discussão ou mesmo uma vivência prática mais profunda do auditor no meio empresarial, bem como sua inter-relação com o processo de Governança Corporativa.

Deste modo, o objetivo desta obra, muito bem escrita pelo meu amigo Alessandro Zacarias Manotti, é demonstrar na prática como realizar uma auditoria em sistemas computacionais, direcionando o auditor na evolução da mesma até seu objetivo final, explicitando e evidenciando suas formas de apresentação (interna e externa). E, por fim, apresentando facilidades muito bem demonstradas e vivenciadas pelo autor durante os vários anos de sua experiência no assunto, focando o surgimento, bem como a importância da prática do auditor em todo o processo dentro da Governança Corporativa.

Agnaldo Gonçalves é especialista em Gestão da Segurança da Informação pelo Instituto de Pesquisa Energética e Nuclear da Universidade de São Paulo – IPEN/USP é graduado em Ciência da Computação, com especialização em Gestão de Projetos. Adquiriu experiência profissional nas atividades de plano de continuidade de negócios, gerenciamento de riscos, planejamento e controle de projetos e em gestão da segurança da informação para Infraestrutura e Aplicações de T.I. em indústrias automobilísticas e de venda de energia elétrica, consultorias, empresa de telecomunicação e instituição financeira.

Atualmente atua em uma das maiores empresas de Gerenciamento de Serviços de Segurança da Informação. Gerencia equipe de Serviços em todo o território nacional. Já atuou com equipes multidisciplinares no Gerenciamento de Riscos e Processos, Gerenciamento de Projetos de Aplicação e Infraestrutura de Segurança para TI, no planejamento e controle das adequações às exigências da Lei Sarbanes-Oxley (SOX) e atendimento as Auditorias internas e externas, em todos os Projetos Corporativos onde exista a necessidade de validação e/ou avaliação de segurança.

Durante os anos de 2002 até 2007 foi professor Titular dos Departamentos de Informática e de Administração de Empresas do Centro Universitário Ítalo Brasileiro, ministrando aulas nas disciplinas de Sistemas Operacionais, Metodologia e Pesquisa Científica, Sistemas de Informações Gerenciais. Orientador de grupos de Trabalho de Conclusão de Curso em pesquisas na área de Sistemas de Informação. Professor Titular do curso de pós-graduação em Gestão e Tecnologias para Segurança da Informação da Faculdade Impacta, ministrando aulas na disciplina NRS - Normas e Regulamentações (NBR ISO/IEC 17799, BS 7799, ISO).

Atualmente é professor titular do curso de Engenharia da Computação na Universidade Metodista de São Paulo ministrando aulas nas disciplinas de Desenvolvimento de Sistemas, focado em Usabilidade e Melhores Práticas no Desenvolvimento Seguro de Sistemas, e Segurança da Informação.

*****

John Dale

O ano: 1999; os países mais desenvolvidos e as grandes corporações se conscientizam que o "fim do mundo" realmente estava próximo, a sua dependência da tecnologia da informação chegou ao Máximo, não necessariamente em sua melhor forma, mas a dependência era total e irreversível.

Algo deveria ser feito rapidamente para resolver os problemas deixados pelo legado das tecnologias mais antigas, e até a crença que o ano 2000 estava tão longe, portanto o duplo zero poderia ser aproveitado com algum significado diverso de ano.

Tecnologia da informação é um segmento que passa constantes transformações, que somos forçados a acompanhar criteriosamente, é também constantemente e extremamente visado por inúmeras pessoas e até por governos, mal intencionados. A cada versão mudança, a cada momento, novos problemas e vulnerabilidades são gerados ou descobertos.

Assim, é necessário um processo ou uma metodologia que permeie e ultrapasse as mudanças constantes que fazem parte do desenvolvimento e utilização da tecnologia da informação.

Muito se faz e se fala nessa área, diversas organizações, profissionais e acadêmicas, desenvolvem, divulgam e implantam procedimentos, processos e metodologias que, dentro dos objetivos para os quais foram criados são eficazes, mas exigem estudos profundos para sua compreensão.

Agora, para acompanhar esta ciranda cheia de especificidades, e de cuja eficiência e eficácia dependem muitos negócios e estados e, até vidas, são necessários profissionais de visão e dedicação ímpar, para não mencionar seu conhecimento e experiência. Uma categoria importante desses profissionais são os auditores, que procuram garantir que seja sempre utilizado o "estado da arte" na técnica de defesa, prevenção, tratamento de vulnerabilidades, riscos, entre outros, visando garantir que a tecnologia ofereça a segurança adequada para o valor econômico do negócio comprometido e dependente da tecnologia.

Sim, proteger sua tecnologia, mesmo que esta seja apenas um meio para viabilizar seu negócio, é proteger o seu negócio.

Dos poucos profissionais competentes para ser auditores de segurança, Alessandro demonstrou sua capacidade ao sintetizar e simplificar os procedimentos de auditoria conquistados em sua carreira exemplar.

Tanto na teoria quanto prática, transformando este livro em instrumento útil tanto para os neófitos quanto para os mais experientes, que necessitem implantar rápida e economicamente uma metodologia de auditoria que contribua com a segurança da tecnologia em sua organização.

Na segurança das informações, são os detalhes que fazem a diferença. Muitas vezes a tecnologia da informação é somente um suporte para seu negócio, mas invariavelmente sua importância é tal que sua falta inviabiliza o negócio. Assim, a auditoria é importante para garantir a aderência aos preceitos de segurança tanto da organização quanto do mercado, e assim contribuir para que a tecnologia esteja sempre disponível e confiável para atender ao negócio, de maneira econômica.

***John Dale** possui mais de 30 anos de sólida experiência profissional, atuando como gestor de projetos há mais de 20 anos, em projetos de diversos portes em Engenharia, TI e TELECOM, utilizando como referência o PMBoK/PMI. Atua como consultor, especialista no gerenciamento de riscos e na recuperação de projetos, com a aplicação de modelos de segurança e de riscos como: ASIS, ISSA, ISACA, COSO, BS7799, AS/NZS4360. Mestrando em Engenharia de Produção, é sócio da Dale Consulting (consultoria e treinamento em gerenciamento de projetos e segurança da informação, representante de empresas internacionais no Brasil), professor de Pós-Graduação em Gerenciamento de Projetos no IBTA (Veris/IBMEC) e de Graduação em Segurança da Informação da FATEC. Com experiência internacional, chegou a ser o responsável pela área de informática em empresas de porte, inclusive um jornal. Trabalhou como consultor em empresa BIG 4 realizando grandes projetos em empresas financeiras, construção, varejo, energia, entre outros.*

Sua vivência inclui:

• Fundação do primeiro Chapter do PMI no Brasil (SP), membro ativo do primeiro grupo formal de profissionais que deu origem ao movimento para o gerenciamento de projetos no Brasil.

• Desenvolvimento e adequação de escritórios de projetos com modelos baseados em maturidade de projetos (OPM3, P3M3 e CMMi).

• Planejamento de continuidade de negócios, contingenciamento tecnológico, políticas, normas e procedimentos de segurança (BS 7799), desenho de processos, avaliação de riscos (AS/NZS4360) e implantação de controles.

• Gestão de projetos de engenharia industrial.

• Implantação de aplicações ERP e atuação como Gerente de TI em indústrias.

• Recuperação de projetos em risco, de engenharia e de TI.

• Experiência na atuação em diversos projetos acima de 150 milhões de USD.

*****

Nilton Cesar Ferreira

Este livro é uma excelente referência ao tema Auditoria de Sistemas, por meio dele, o amigo Alessandro consegue apresentar uma visão diferente e inovadora sobre o tema. A praticidade é uma característica forte do livro e tudo que é apresentado nele é fruto da sua vivência em Auditoria de Sistemas.

> ***Nilton Cesar Ferreira*** *é profissional com mais de 11 anos na área Auditoria de Sistemas, atuando em projetos de instituições financeiras no Brasil e Exterior.*
>
> *Certificado pela ISACA como Certified Information System Auditor(CISA).*
>
> *Certificado pela APMG-US como ITIL v3 Foundation.*
>
> *Atualmente é Auditor Coordenador Sênior em um dos maiores grupos financeiros internacionais da Europa, atuando em projetos de auditoria interna, normatização (SOx, Basiléia II, Bacen, Susep e CVM), conscientização com foco em padrões internacionais (COBIT, ITIL, ISO27001).*
>
> *"O amigo ama em todo o tempo; e para a angústia nasce o irmão." Provérbios 17:17*

*****

Olavo Jose Anchieschi Gomes

O termo Auditoria é definido segundo a enciclopédia virtual Wikipédia, como um exame cuidadoso, sistemático e independente das atividades desenvolvidas em determinada empresa ou setor, cujo objetivo é averiguar se elas estão de acordo com as disposições planejadas ou estabelecidas previamente, se foram implementadas com eficácia e se estão adequadas (em conformidade) à consecução dos objetivos.

Nos últimos anos, presenciamos escândalos como o da empresa ENRON e o avanço da crise financeira mundial. Tais acontecimentos foram desencadeados devido à inexistência ou ineficácia dos processos e controles, acarretando prejuízos imensuráveis para os colaboradores e investidores.

Consequentemente, o papel do auditor ganhou destaque e importância no mundo corporativo, permitindo estabelecer maior transparência e independência nas relações de negócios.

Com o advento tecnológico e o processo de disseminação do conhecimento, os sistemas de informação assumiram um papel significativo nas organizações gerando informações íntegras e confiáveis para a operacionalização dos processos, produtos, serviços e também para o auxilio no processo de tomada de decisão.

Assim sendo, é dever do auditor garantir que os sistemas estejam alinhados aos requisitos de segurança, bem como verificar se a adoção de controles está em consonância com a criticidade do negócio.

Alessandro Manotti aborda de forma prática e concisa, a realização de procedimentos que visam aprimorar a governança corporativa. Dentre eles, podemos destacar a Gestão de Níveis de Serviços, Segurança das Informações e a Continuidade dos Negócios.

Trata-se, portanto, de obra extremamente valiosa para o auditor ter como referência e consulta nos momentos de dúvida ou tomadas de decisões.

Por fim, pode ser utilizada também por aqueles que desejam ingressar na carreira de Auditor e que buscam literatura de qualidade, escrita por um profissional altamente qualificado.

***Olavo Jose Anchieschi Gomes**, está há mais de 10 anos de experiência na área, foi Gestor de Auditoria em TI em Bolsa de Valores onde participou e contribui no Programa de Qualificação Operacional (PQO), visando aprimorar e certificar os controles e sistemas de informação dos participantes do mercado financeiro. Também coordenou projetos de Segurança da informação e Auditoria em grandes empresas, incluindo Consultorias BIG4, Segmento Financeiro e Governos.*

Como instrutor, atuou em vários treinamentos voltados para Legislação Digital, Auditoria de TI e Segurança da Informação, em cursos de Pós Graduação. Possui diversas certificações internacionais do ramo, incluindo CFE, CGEIT, ISSO/IEC27001, sendo Pós Graduado em Gestão da Segurança da Informação pela Universidade de São Paulo – IPEN.

Atualmente está cursando MBA em Gerenciamento de Pessoas pela Central Queensland University – CQU na Austrália onde participa de projetos acadêmicos envolvendo Segurança e Nanotecnologia

*****

Fernando Nicolau F. Ferreira

Este curso, desenvolvido pelo meu amigo Alessandro Manotti, reúne os tópicos necessários a serem observados em trabalhos de auditoria de sistemas. Baseado em melhores práticas internacionais, o curso orienta os profissionais com informações atualizadas sobre o ciclo de vida da auditoria de tecnologia da informação.

O autor está se dedicando há anos à profissão, teve a oportunidade de efetuar diversos trabalhos e avaliações em empresas de todo o tipo de porte e prover recomendações de melhoria para os pontos identificados. Tudo para evitar situações que prejudiquem o bom andamento dos negócios.

É com base na experiência prática e na excelente bibliografia de referência que esse curso alcança o objetivo de apresentar didaticamente um tema que, atualmente, é uma das grandes preocupações dos gestores empresariais.

São abordados, de maneira clara e direta, assuntos como a análise da infra-estrutura e sistemas informatizados; matriz de riscos; gerenciamento de mudanças; gestão de níveis de serviços; segurança nos ativos de informação; controles gerais; continuidade de negócio; recuperação de desastre; plano de contingência de TI; atividades para elaboração de relatório final de auditoria e acompanhamento; enfim, os requisitos mais importantes e que não podem ser deixados de lado em trabalhos de auditoria.

*****

Trata-se, portanto, de um curso extremamente valioso para os profissionais, pois pode auxiliar como consulta nos momentos de dúvida ou de tomada de decisão. O curso é muito valioso no desenvolvimento da carreira dos auditores de sistemas, profissionais de segurança da informação, gestores e quaisquer interessados em desvendar o tema que buscam literatura de qualidade, escrita por um profissional brasileiro que conhece a realidade de nossas organizações.

Boa leitura!

Fernando Nicolau F. Ferreira *CISM, CGEIT, CSSLP, CITP, CFE, CobiT, BS7799LA, profissional de Segurança da Informação, Auditoria de Sistemas e Governança de TI - FERNANDOFERREIRA.COM*

Problema???

- Fazer uma omelete;
- Qual a sequência de passos necessária para atingir o objetivo?

Figura 1. Uma omelete suculenta...

Passos para Fazer uma Omelete:

- Quebrar ovos;
- Bater ovos;
- Adicionar sal;
- Ligar fogão;
- Adicionar óleo na frigideira;
- Colocar a frigideira no fogo;

- Fritar ovos mexidos;
- Verificar se está pronto;
- Se sim, desligar o fogão;
- Se não, voltar para passo: Verificar se está pronto.

Observações importantes

- **Quanto às instruções isoladas:**

  Apenas "quebrar ovos", ou apenas "colocar óleo na frigideira", não seria suficiente para cumprir a tarefa "fazer uma omelete".

- **Quanto à sequência lógica:**

  Se executarmos o procedimento "fritar ovos mexidos" antes de "bater ovos", ou pior, antes de "quebrar ovos", não iremos cumprir a tarefa "fazer uma omelete".

Programa do Curso

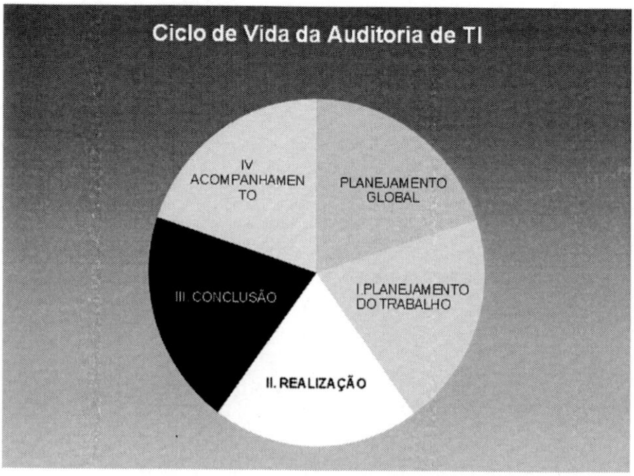

Figura 2. Programa do Curso

Introdução

1. Os Sistemas de Informação

I. Planejamento da Auditoria

2. Auditoria e Governança de TI

II. Realização da Auditoria

3. Análise da Infraestrutura e Sistemas Informatizados
4. Gestão de Níveis de Serviços
5. Segurança dos Ativos de Informação
6. Continuidade de Negócio, Recuperação de Desastre & Plano de Contingência de TI
7. Trabalhos de Suporte a Auditoria

III. Conclusão da Auditoria

8. Formalização dos Papéis de Trabalho da Auditoria

IV. Acompanhamento

9. Relatório Final de Auditoria

Capítulo 1

Os Sistemas de Informação

a. Ábaco

b. Pascalina

c. Tear de Jacquard

d. Máquina diferencial

e. A primeira programadora

f. A máquina Tabuladora de Hollerith

g. Geração dos Computadores

h. Componentes de um PC

i. História da Internet

j. Histórico da Auditoria

Ábaco

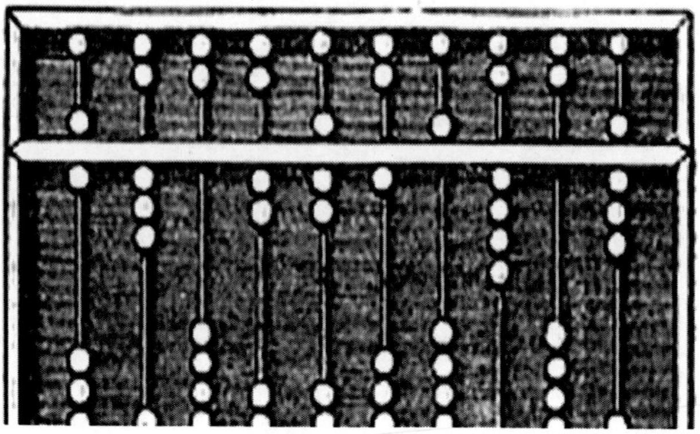

Figura 3. Ábaco

Antigo instrumento de cálculo, formado por uma moldura com bastões ou arames paralelos, dispostos no sentido vertical, correspondentes cada um a uma posição digital (unidades, dezenas,...) e nos quais estão os elementos de contagem (fichas, bolas, contas,...) que podem fazer-se deslizar livremente. Teve origem provavelmente na Mesopotâmia, há mais de 5.500 anos. O ábaco pode ser considerado como uma extensão do ato natural de se contar nos dedos. Emprega um processo de cálculo com sistema decimal, atribuindo a cada haste um múltiplo de dez. Ele é utilizado ainda hoje para ensinar às crianças as operações de somar e subtrair.

Fonte: http://pt.wikipedia.org/

Pascalina

Figura 4. Pascalina

Foi a primeira calculadora mecânica do mundo, planejada por Blaise Pascal em 1642.

Originalmente, ele pretendia construir uma máquina que realizasse as quatro operações fundamentais, mas apenas conseguia fazer operações de subtração e adição. O instrumento utilizava uma agulha para mover as rodas, e um mecanismo especial levava dígitos de uma coluna para outra. Pascal recebeu uma patente do rei da França para que lançasse a calculadora no comércio. O engenho, apesar de útil, não obteve aceitação.

Fonte: http://pt.wikipedia.org/

Tear de Jacquard

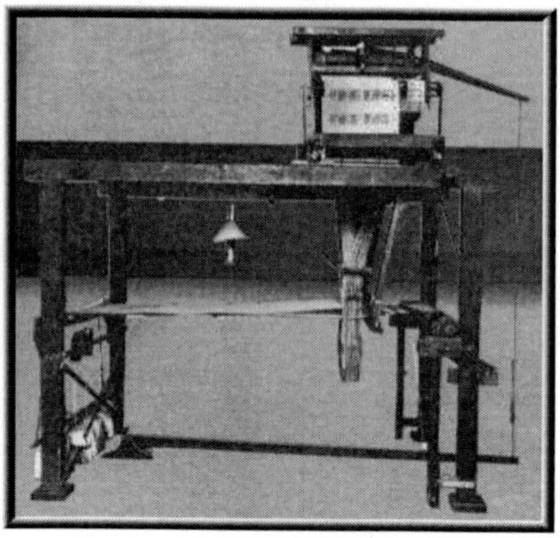

Figura 5. Tear de Jacquard

Tear desenvolvido pelo inventor francês Joseph-Marie Jacquard, em 1801, que usava cartões perfurados para controlar o desenho das estampas dos tecidos. Os cartões, que poderiam chegar a até 24 mil por tear, eram colocados em um tambor giratório. Um conjunto de bastões de madeira passava pelos orifícios de acordo com a programação dos cartões, e quando passava pelo orifício o bastão empurrava o fio, tecendo um padrão. Embora não fosse um computador no sentido estrito da palavra, o tear de Jacquard é reconhecido mundialmente como tendo sido o indicador do uso de cartões perfurados para controlar operações mecânicas. Jacquard recebeu uma medalha do imperador Napoleão pelo seu invento.

Posteriormente, no século XIX, os cartões perfurados foram usados na Máquina Analítica do matemático inglês Charles Babbage e na máquina de tabulação estatística do americano Herman Hollerith, que eram ambos os inventos ainda mais próximos dos computadores modernos.

Fonte: Netpédia.com.br

Máquina diferencial

Figura 6. Máquina Diferencial

Invento de Charles Babbage, para cálculos com polinômios.

Em meados do século XIX, em plena segunda fase da Revolução Industrial, estavam em progresso muitas tentativas de automação de processos, com destaque para aqueles envolvendo cálculos para a composição de tabelas trigonométricas e de logaritmos para o emprego na navegação, na pesquisa científica ou na engenharia.

Algumas pessoas tentavam conceber máquinas que executassem este tipo de cálculo, tendo sido construídos vários modelos. A máquina mais avançada, entretanto, jamais entrou em produção: a chamada máquina diferencial de Babbage.

Babbage projetou também o chamado "Calculador Analítico", muito próximo da concepção de um computador atual. O projeto, totalmente mecânico, era composto de uma memória, um engenho central, engrenagens e alavancas usadas para a transferência de dados da memória para o engenho central e dispositivo para entrada e saída de dados.

Fonte: http://pt.wikipedia.org/

A primeira programadora

Figura 7. Ada Lovelace

Ada Lovelace (1815-1852), Lady Lovelace, filha do poeta Lord Byron, era matemática amadora entusiasta.

Ada tornou-se a primeira programadora, escrevendo séries de instruções para o Calculador Analítico de Babbage. Ada inventou o conceito de sub-rotina: uma sequência de instruções que pode ser usada várias vezes em diferentes contextos.

Ela descobriu o valor das repetições - os laços (loops): deveria haver uma instrução que retornasse a leitora de cartões a um cartão específico, de modo que a sequência pudesse ter sua execução repetida. Ela sonhava com o desvio condicional: a leitora de cartões desviaria para outro cartão "se" alguma condição fosse satisfeita.

Fonte: http://pt.wikipedia.org/

A máquina Tabuladora de Hollerith

Figura 8. Máquina de Hollerith

Foi o primeiro computador.

Utilizado para realizar o censo dos Estados Unidos em 1890. Desenvolvido por Herman Hollerith, um estatístico que trabalhou para o Instituto de Geografia e Estatística dos Estados Unidos.

O sistema usava perfuradores manuais para gravar os dados em um cartão de tamanho de uma cédula de dinheiro e uma máquina de tabulação para contá-los. A máquina de tabulação contém um sensor (pino) para se encaixar em cada posição/potencial furo do cartão. Quando o cartão é colocado na leitora os pinos passam pelos buracos fechando circuitos elétricos e incrementando contadores.

Apenas levava três anos

Utilizando métodos manuais, foi estimado que o censo de 1890 ficasse pronto apenas após 1900. Com as máquinas de Hollerith, levou menos de 3 anos para contar 62 milhões de pessoas e economizar US$ 5 milhões do Governo dos Estados Unidos.

O início da IBM

Hollerith fundou uma empresa de Máquinas Tabuladoras e vendeu seus equipamentos pelo mundo para uma grande variedade de funções de negócios. Em 1911, sua empresa se juntou a uma empresa que depois se denominou IBM.

Fonte: http://www.pcmag.com/

Geração dos Computadores

Primeira Geração (1945 – 1953)

- Computadores a válvula (ENIAC)

Figura 9. ENIAC

Segunda Geração (1955 – 1962)

- Transistor (EDVAC)

Figura 10. EDVAC

Terceira Geração (1963 – 1980)

- Circuito Integrado (IBM/360)

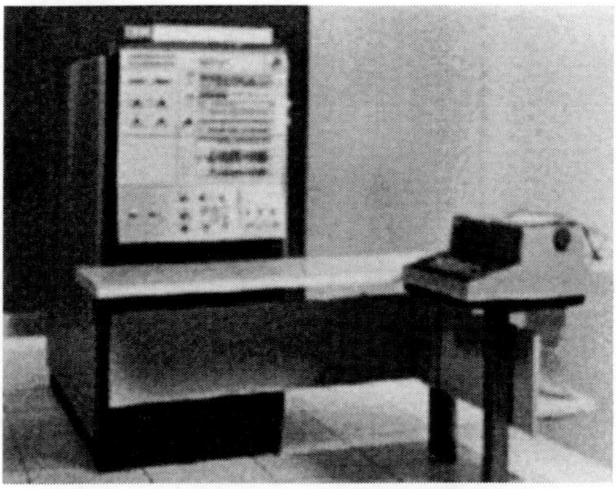

Figura 11. IBM/360

Quarta Geração (1975 – 1990)

- Chip (Altair 8800)

Em 1975 Paul Allen e Bill Gates criaram a Microsoft e o primeiro "programa" para microcomputadores. Filme Piratas do Vale do Silício (Pirates of Silicon Valley, 1999)

Figura 12. Altair 8800

Quinta Geração (1990 – 2012)

- Os PCs – Computadores Pessoais

  Intel XT, 286, 386, 486, Pentium, Pentium 4, Celeron, Dual Core, Core 2 Duo e Athlon XP da AMD

Figura 13.1 e 13.2. XT e DualCore

Sexta Geração (2012 – ???)

- A Era Pós PC – Smartphones e Tablets

  Tablets e Smartphones (Telefones Inteligentes) ganharam funcionalidades e vêm substituindo os PCs.

  As pessoas andam o tempo todo conectadas a redes sociais, comunicam-se por mensagens de texto (SMS) e desfrutam das facilidades e mobilidade desses dispositivos, os "apps", ou seja, aplicativos sob medida, pagos ou não, desenvolvidos ou distribuídos pelos fabricantes que podem ser desde sistemas de anotação de pedidos, edição de textos, sincronização de agendas, agendamento de taxi online, etc.

  Esse mundo novo de mobilidade das atividades e redução de custos operacionais tem promovido tal migração também no ambiente empresarial.

Figura 14 Tablets e Smartphones

Sétima Geração (2020 – ???)

- • A Internet das Coisas

Figura 15 A Internet das Coisas

A grande mudança prevista para a próxima década vai afetar diretamente o modo como vivemos nossas vidas, a nossa forma de conduzir os negócios, dirigir um carro pela rua, etc.

Sensores estão se espalhando por toda a parte tornando todas as coisa que conhecemos hoje como "não integradas" em "inteligentes", podendo se comunicar e estar sempre conectadas a internet, como carros, edifícios, máquinas industriais, etc.

Vou exemplificar: Combate a violência e melhoria da segurança pública de empresas e cidades através de correlação de dados provenientes de sensores presentes em:

- Câmeras inteligentes no semáforo para fiscalização de estradas e prevenção de colisões;
- Circuito Interno de TV com dados de reconhecimento facial, monitoração de modelos e gestos;
- Ruídos, como discussões e disparos de arma de fogo, podem ser correlacionados.

Estes dados serão úteis para detecção de atividades suspeitas, acionar apoio policial ou patrimonial, auxiliar a combater a violência e melhorar a segurança pública e patrimonial.

Comunicação entre computadores contendo bases de dados de comportamento relacionados por aplicativos de redes neurais (inteligência artificial) afetaram todos os aspectos de nossas vidas, desde a previnir crimes por atividade suspeita, prever a sua próxima compra de suprimentos, comandar máquinas industriais, dirigir caminhões e tratores, ou seja, realizarão atividades de forma autônoma e serão capazes de tomar decisões cada vez mais complexas sem a necessidade de intervenção humana.

E não podemos nos esquecer dos atuais Supercomputadores de grande porte.

Figura 16. zEnterprise EC12 IBM - Rendimento de até 2.9 TB de memória

Componentes de um PC

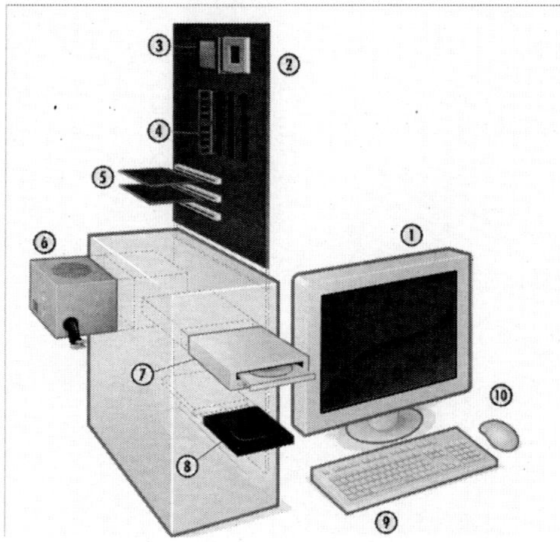

Figura 17. Estrutura básica de um PC

O PC – Computador Pessoal, tal como o conhecemos hoje, foi desenvolvido pelo grupo da IBM que desenvolveu o IBM PC. O modelo de placa-mãe utilizado sofreu algumas adaptações e passou para PC XT (eXTended - estendido), PC AT (Advanced Technology - Tecnologia Avançada) e na sua versão atual PC ATX (Advanced Technology eXtended - Tecnologia Avançada Estendida).

O grupo de desenvolvedores da IBM definiu que o PC seria uma junção de várias peças construídas por várias empresas (dá-se ao processo de junção dessas peças o nome de "integração"). Logo, as empresas que vendem computadores como a HP e a Dell na verdade não os fabricam, mas apenas integram as peças compradas de várias outras empresas.

Por exemplo: um computador da Dell pode ser integrado com um processador Intel, uma placa-mãe Asus, uma placa de vídeo usando a GPU nVidia e assim por diante. No entanto, existem algumas empresas que realmente fabricam algumas peças como a Compaq.

Com a clonagem da BIOS da IBM e a criação dos "IBM PC Compatíveis", o número de integradoras de computadores e o mercado mundial expandiu com uma velocidade inacreditável. Todo dia as empresas de tecnologia competem umas com as outras pelo desenvolvimento de tecnologias superiores por preços acessíveis. Houve também uma segmentação do mercado, criando segmentos como o de baixo-custo (para mercados emergentes e pessoas que adquirem um computador pela primeira vez) e o Gamer (para jogadores profissionais que dispõem de recursos financeiros para investir em máquinas extremamente potentes).

A expansão do mercado foi algo muito favorável ao ramo da informática, pois estimulou a criação de empresas que competem pelo mesmo mercado e, portanto, não havendo monopólio e preços abusivos por componentes do computador. Os principais mercados com dois exemplos de concorrentes são:

Processador: Intel e AMD

Placa-mãe: Asus e Gigabyte technologies

Memória RAM: Kingston e Corsair

Placa de Vídeo: nVidia e ATI

Disco Rígido: Seagate e Hitachi

Fonte: http://pt.wikipedia.org/

História da Internet

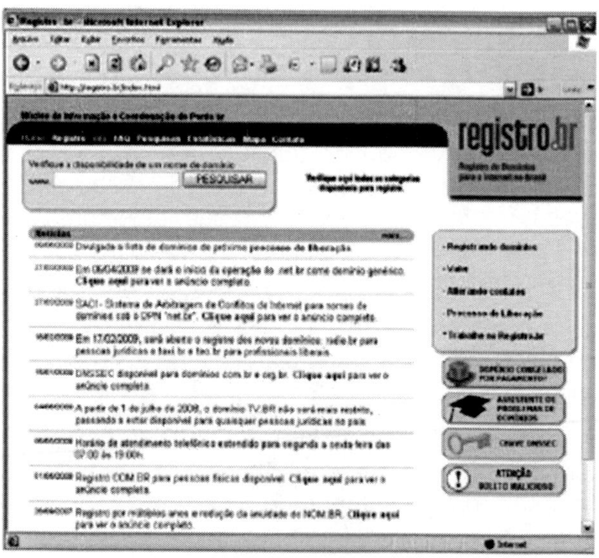

Figura 18 - Registro.br -Site para registro de Domínios.br

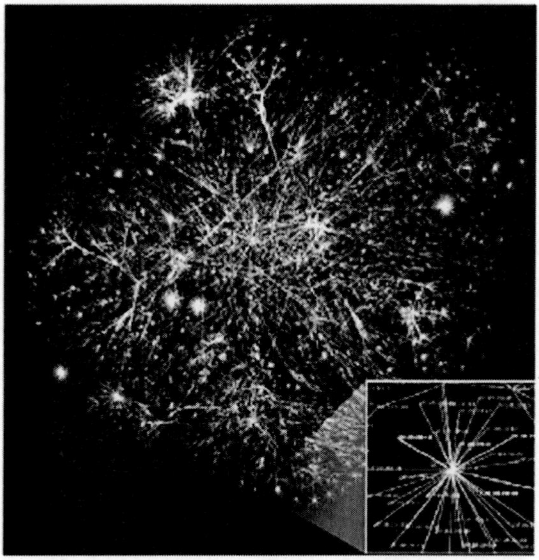

Figura 19- Visualização gráfica de várias rotas em uma porção da Internet mostrando a escalabilidade da rede

Conglomerado de redes em escala mundial de milhões de computadores interligados pelo protocolo TCP/IP que permite o acesso a informações e todo tipo de transferência de dados. Ela carrega uma ampla variedade de recursos e serviços, incluindo os documentos interligados por meio de hyperlinks da World Wide Web, e a infraestrutura para correio eletrônico e serviços como comunicação instantânea e compartilhamento de arquivos.

De acordo com dados de março de 2007, a Internet é usada por 16,9% da população mundial (em torno de 1,1 bilhão de pessoas)

O lançamento soviético do satélite Sputnik causou como consequência a criação, nos Estados Unidos, da Agência de Projetos de Pesquisa Avançada), conhecida como ARPA, em fevereiro de 1955, com o objetivo de obter novamente a liderança tecnológica perdida para os soviéticos durante a guerra fria. A ARPA criou o Escritório de Tecnologia de Processamento de Informações - IPTO para promover a pesquisa do programa Semi Automatic Ground Environment, que tinha ligado vários sistemas de radares espalhados por todo o território americano pela primeira vez. Joseph Carl Robnett Licklider foi escolhido para liderar o IPTO.

No IPTO, Licklider se associou a Lawrence Roberts para começar um projeto com o objetivo de fazer uma rede de computadores, e a tecnologia usada por Robert se baseou no trabalho de Paul Baran, que havia escrito um estudo extenso para a Força Aérea dos Estados Unidos recomendando a comutação de pacotes ao invés da comutação de circuitos para tornar as redes mais robustas e estáveis. Após muito trabalho, os dois primeiros elos daquele que viria a ser o ARPANET foram interconectados entre a Universidade da Califórnia, Los Angeles (UCLA) e Universidade de Stanford em 29/10/1969 e foi uma das primeiras redes da história da Internet atual.

A primeira rede de grande extensão baseada em TCP/IP (Protocolo de Controle de Transmissão) entrou em operação em 1 de janeiro de 1983, quando todos os computadores que usavam o ARPANET trocaram os antigos protocolos NCP. Em 1985, a Fundação Nacional da Ciência (NSF) dos Estados Unidos patrocinou a construção do National Science Foundation Network.

A abertura da rede para interesses comerciais começou em 1988. O Conselho Federal de Redes dos Estados Unidos aprovou a interconexão do NSFNER para o sistema comercial MCI Mail naquele ano e a ligação foi feita em meados de 1989.

Em 6 de agosto de 1991, a CERN, uma organização pan-europeia de pesquisa de partículas, publicou o novo projeto "World Wide Web". A Web foi inventada pelo cientista inglês Tim Berners-Lee, em 1989.

Fonte: http://pt.wikipedia.org/

Histórico da Auditoria

Existem algumas evidências de que algum tipo de Auditoria foi praticado em tempos remotos. Na Idade Média, para evitar desfalques os monarcas exigiam a manutenção das contas de sua residência por dois notários independentes. À medida que se desenvolveu o comércio, surgiu a necessidade de revisões independentes para assegurar a confiança e finalidade dos registros mantidos em várias empresas comerciais.

A auditoria como profissão foi reconhecida pela primeira vez na legislação britânica das sociedades anônimas de 1862 "Um sistema metodológico e normatizado de contabilidade é desejável para a prevenção da fraude." e também ... "A necessidade de se efetuar uma revisão independente das contas das pequenas e grandes empresas". Desde 1862 até 1905, a profissão de auditoria cresceu e floresceu na Inglaterra, introduzindo-se nos Estados Unidos desde 1900. Na Inglaterra se pautou principalmente na detecção de fraudes como seu objetivo principal.

De 1912 até 1940 os princípios ensinados sobre auditoria eram os seguintes:

- A detecção e prevenção de fraude;
- A detecção e prevenção de erros.

Porém, nos anos seguintes houve uma mudança decisiva na demanda e serviços:

- Entendimento da situação financeira e ganhos de uma empresa;
- Emissão de opinião na situação de controles (consultoria);
- Detecção e prevenção de fraude como objetivo secundário.

Em paralelo ao crescimento da Auditoria Independente nos Estados Unidos, se desenvolvia o conceito de Auditoria Interna e de Governança Corporativa. À medida que os auditores independentes perceberam da importância de um bom sistema de controle interno e sua realização com o objetivo dos testes a realizar em uma auditoria independente, contribuíram para o crescimento dos departamentos de Auditoria dentro das organizações dos clientes, estendendo as atividades além da área e sistemas de contabilidade. Atualmente o departamento de Auditoria desempenha revisões em todas as áreas da organização onde exista Risco Operacional, Financeiro ou Tecnológico às operações financeiras realizadas.

Auditoria de Sistemas

A auditoria de Sistemas, Informática ou Riscos Tecnológicos em uma organização é a revisão e avaliação dos controles, desenvolvimento de sistemas, procedimentos de TI, infraestrutura, operação, desempenho e segurança da informação que envolve o processamento de informações críticas para a tomada de decisão.

Deve compreender não somente os equipamentos de processamento de dados ou procedimento específico, mas sim suas entradas, processos, controles, arquivos, segurança e extratores de informações.

A Auditoria de Sistemas é de vital importância para o bom desempenho dos sistemas de informação, pois avalia os controles necessários para que os sistemas sejam confiáveis e seu nível, de segurança. Além disso, deve avaliar todo o ambiente: Equipamentos, Centro de Processamento de Dados - CPD e Software.

Além disso, atualmente, com a larga utilização da tecnologia para o armazenamento das informações contábeis, financeiras e operacionais, o auditor de sistemas tem de se aprimorar no campo de atuação (processos) da organização para extrair, analisar bases de dados envolvidas e suportar decisões das demais áreas de auditoria.

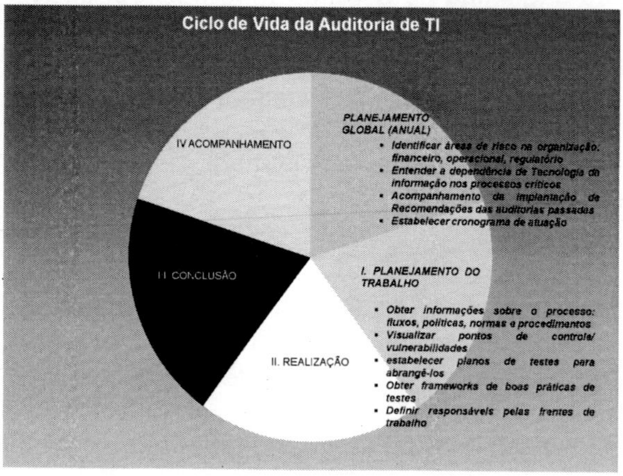

Figura 20. Planejamento Global e de Trabalho

Capítulo 2

Auditoria e Governança de TI

a. Gerenciamento de Risco

b. Riscos e Ameaças

c. Normativos Internacionais, Leis e Regulamentações

d. Frameworks de Boas Práticas de TI

e. Obtenção e Manutenção de indicadores de governança de TI

f. Técnicas de Entrevista de Auditoria

g. Controles Gerais de TI

Gerenciamento de Risco

Consideramos o seguinte cenário:

Temos uma Rede de grande porte, com diversos pontos de acesso: Internet, Filiais, Extranet (parceiros).

Existem diversos tipos de Ameaças aos quais a referida rede está exposta:

- Falha Humana Intencional;
- Falha Humana Não-Intencional;
- Acidentes;
- Desastres Naturais e Ocorrências Inesperadas.

A rede das nossas Filiais, está abaixo de um Firewall, possui Banco de Dados e servidor de Autenticação, hospeda as sub-redes de Vendas, Estoque e Contabilidade.

Além de tudo isso, consideremos os dados envolvidos, hardware, software, instalações e recursos humanos que estão sujeitos a diversas ameaças.

Qual a probabilidade de algo ruim acontecer?

Quais as soluções e custos envolvidos (Custo X Benefício) para gerenciarmos o risco a um nível de exposição aceitável?

RISCO	PROBALIDADE
Risco Baixíssimo	Virtualmente Impossível
Risco Baixo	Pode ocorrer uma vez em 40 anos (ou a cada 4 anos, uma vez ao ano)
Risco Médio	Pode ocorrer uma vez em 100 dias (ou uma a cada 10 dias)
Risco Alto	Pode ocorrer uma vez por dia (ou 10 vezes por dia)

Riscos e Ameaças

Exemplos de Ameaças e Consequências:

Ameaças e Consequências de Falha Humana Intencional

AMEAÇAS	CONSEQUÊNCIAS
Acesso irrestrito a documentos eletrônicos	Alteração, destruição indevida ou roubo de informações
Hackes, Crackers, Script kiddies, Criminosos Profissionais	Custos de Backup e recuperação de dados
Vírus	Interrupção dos Negócios
Espionagem industrial	Vazamento de Informações para Concorrência

Ameaças e Consequências de Falha Humana Não Intencional:

AMEAÇAS	CONSEQUÊNCIAS
Operador, Técnico Incapaz	Paradas
Falhas no Controle da Entrada de Dados	Retrabalhos
Pessoal Desmotivado	Perda de Capital Intelectual

Ameaças e Consequências de Acidentes

AMEAÇAS	CONSEQUÊNCIAS
Falha no equipamento de Ar- Condicionado	Paradas
Desmoronamento do Edifício	Perda dos Dados
Destruição de dados, discos, documentos, relatórios	Perda Financeira
Rompimento de canos d'água ou esgoto	Informações Imprecisas

Ameaças e Consequências de Desastres Naturais e Ocorrências Inesperadas

AMEAÇAS	CONSEQUÊNCIAS
Umidade	Danos a equipamentos
Enchentes	Ferimentos, Perda de video
Trovões	Perda Financeira
Variação de Energia	Interrupção dos Negócios

Metodologia OCTAVE®

(http://www.cert.org/octave/)

Metodologia pública/ gratuita para a realização de Análise de Risco - Avaliação de Ameaças, Ativos e Vulnerabilidades Críticas, da Universidade Carnegie Mellon (em inglês).

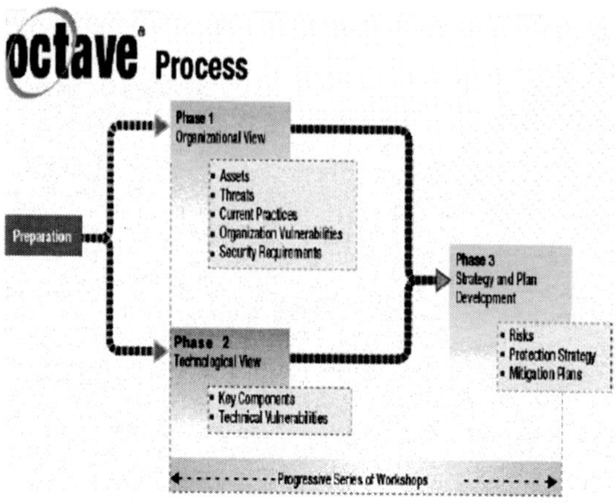

Figura 21. Metodologia Octave

O que Avaliar em uma Análise de Risco de TI?

- Ativos relacionados de informação (como: sistemas e infraestrutura de TI) importantes à organização.
- Foco na análise dos riscos nos ativos críticos, suportam diretamente ou indiretamente a atividade-alvo da organização.
- Relacionamentos entre os ativos críticos, as ameaças e vulnerabilidades (organizacionais e técnicas).
- Se uma senha de administrador (ativo crítico), for divulgada ou obtida indevidamente (vulnerabilidade), cai em mãos erradas (ameaça) e permite acesso indevido ao sistema livro-caixa da organização (impacto).
- Avaliar grau de exposição dos ativos em contexto operacional, como estes ativos conduzem os negócios e o risco envolvido devido a essas vulnerabilidades de segurança.
- Estratégia de proteção para melhoria dos processos, como plano de implementação de controles (técnicos, operacionais) para a mitigação (gerenciamento) .

- Razão de Custo X Benefício, onde a implementação do controle seja sempre inferior ao montante das perdas ocasionadas pela ausência do mesmo.
- Depois que população de ameaças potenciais foi identificada, esta deve ser reduzida a um subconjunto menor de ameaças relevantes ou "significativas" a um ambiente de TI específico.
- A identificação dos riscos significativos assegura que a firma alocará de forma adequada os seus recursos às medidas de segurança que se dirigem aos riscos identificados.

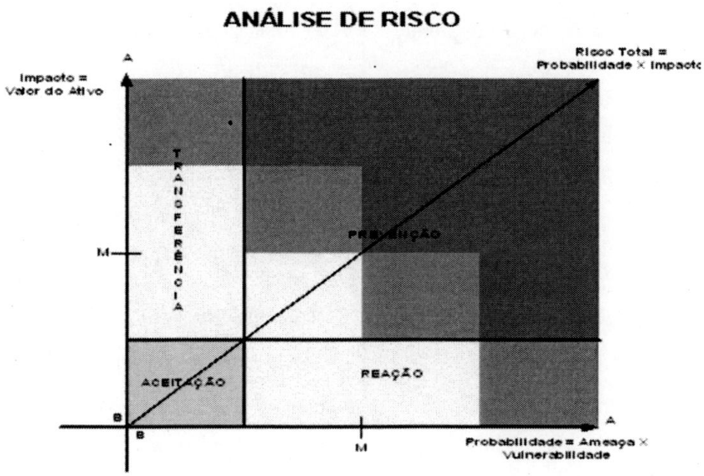

Figura 22. Análise de Risco

Implementamos os controles necessários para atingirmos os 80% dos principais riscos do negócio suportado por TI

Os 20% dos riscos restantes mais caros e de baixa probabilidade seriam assumidos como risco inerente.

O risco poderia ser transferido por meio de um Acordo de Nível de Serviço com Terceiros- SLA (Service Level Agreement) ou mesmo a utilização de Apólice de Seguro.

Exemplos de Medidas de Segurança com base nas Ameaças Potenciais:

TODAS AS CATEGORIAS	FALHA HUMANA INTENCIONAL
Sensores e Alarmes	Antivirus
No-Break, Geradores	Softwares e Hardware para Controle de Acesso
Plano de Continuidade de Negócio	Biometria (digitais, íris, voz, face)
Circuito Interno de TV	Modems de Callback
Backups Periódicos	Patrulha com apoio Canino
Auditorias Externas Periódicas	Acesso via Crachá
Acompanhamento Visitantes (CPD, áreas críticas)	Autoridade Certificadora - Cartório Digital
Visitas de Especialistas Prevenção de Incêndio	Punições a não conformidades, funcionários, colaboradores e terceiros
Cofre a prova de Incêndio	Monitores de conteúdo de mensagens/ acesso web
Políticas de RH, Conscientização e Treinamento	Chaves Criptográficas
Apólice de Seguro	Cercas Elétricas
Auditoria Interna de Tecnologia	Firewall hardware/software)
Monitoramento de Tráfego de Rede	Auditoria Forense (anti-fraude)
Armazenamento Externo de Dados	IDS Software de Monitoração de Intrusos na Rede
Extintores de Incêndio	IPS Software de Prevenção de intrusos na Rede
Grupo de Resposta a Incidentes	Bloqueio de Sessão em Terminais
Procedimentos de Contigência	Sensores de Movimento
Administrador de Segurança	
Segurança Patrimonial	

FALHA HUMANA NÃO-INTENCIONAL	ACIDENTES
Código de Ética Corporativo	Controles Ambientais (ar-condicionado, umidificadores de ar)
Controles Ambientais (ar-condicionado, umidificadoes de ar)	Rotinas de reinício a paradas
Recpecionistas	Sensores de Movimento
	Manutenção Preventiva
	Dispositivos de Detecção e Drenagem de Água
	No-Break, Geradores

DESASTRES NATURAIS E OCORRÊNCIAS INESPERADAS
Controles Ambientais (ar-condicionado, umidificadores de ar)
Dispositivos de Detecção e Drenagem de Água
No-Break, Geradores
Dispositivos de Prevenção e Supressão de Incêndio

Ambiente de Produção – Um Grande Varejista de Eletroeletrônicos – Online Shop

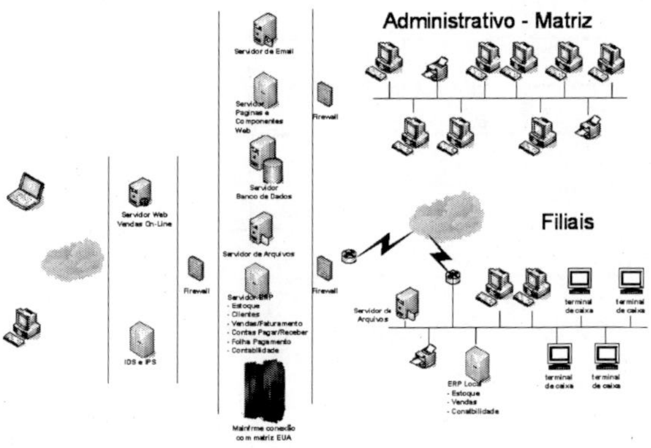

Figura 23. Topologia de Rede da www.Onlineshop.net.br

Exercício I - Riscos e Ameaças

Contextualizar Riscos e Ameaças de sistemas distintos ERP

- Contabilidade (demonstrações financeiras)
- RH (controle de pessoal)
- Faturamento (controle de vendas faturadas)
- Estoque (controle de estoque)
- Contas a pagar/receber (controle de fluxo de caixa)

Veja o exemplo abaixo para estoque:

					Resquisitos de Segurança			
Grupo de Processos	Processo	Sub Processo	Risco	Impacto	Disponibilidade	Confiablidade	Integridade	Outros
Administrativos	Controle de Estoque	Alta e Baixa de Estoque	Inconsistência de Informações de Estoque	Atraso nas entregas, reclamações de clientes	24 horas, 7 dias por semana	Informações devem permanecer confidenciais para a concorrência	Somente pessoal autorizado pode modificar informações	

Considerar para cada processo/sistema um GRUPO DE AUDITORES (desejável 3 a 4 pessoas).

Normativos Internacionais, Leis e Regulamentações (SOX, BASILEIA II, CVM)

A responsabilidade de Gestão de Riscos, em grandes empresas se deve a área específica, esta realiza medições periódicas dos níveis de riscos ao negócio versus controles implementados, sejam de Segurança da Informação, Sistemas, Infraestrutura ou Processos.

Essa necessidade deve-se pelo fato dessas organizações, em sua grande maioria, de capital aberto (possuem ações em bolsa de valores) e estando sujeitas às normativas da:

- CVM (Brasil) – Comissão de Valores Mobiliários em Bolsas (ex: CVM 89);
- SEC (CVM EUA) – Securities and Exchange Commission (ex: Sarbanes Oxley- SOx);
- Acordo de Basileia II – Instituições Financeiras Globais;
- SUSEP – Entidade governamental brasileira de regulação a Seguradoras e Previdência Privada.

Para o atendimento às métricas normatizadas de Governança Corporativa e Emissão de Cartas de Conforto aos Controles que suportam as Demonstrações Financeiras dessas organizações por meio de Auditorias Independentes.

Estas iniciativas, além da regularização da atividade fim da empresa, também possuem a finalidade de propiciar conforto (quanto a exposição ao risco) e solidez aos Acionistas e Investidores dessas organizações.

Frameworks de Boas Práticas de TI: COBIT, ITIL, ISO 27001

Vamos falar um pouco dos três frameworks de mercado mais conhecidos na área de TI, que possuem algumas diferenças entre si em conceito:

COBIT significa objetivos de controle sobre informação e tecnologia relacionada, metodologia elaborada pela ISACA, uma organização sem fins lucrativos para promover a Governança de TI. A função principal do COBIT, além de ser boa prática de controle de sistemas é ajudar a companhia a mapear seus processos de TI às melhores práticas. O COBIT é escolhido geralmente pela companhia que avalia o sistema da informação com foco em análise Financeira, Operacional ou TI.

ITIL significa biblioteca de boas práticas de tecnologia da Informação, desenvolvido pela OGC, é um conjunto de boas práticas de gestão do nível de serviços de TI. Como o ITIL é bem similar ao COBIT em vários itens, a diferença básica seria que o COBIT define o padrão pela inter-relação entre risco e processo, o ITIL possui foco nas definições operacionais para os serviços de TI.

ISO27001 possui várias diferenças em relação ao COBIT e ITIL, pois o ISO27001 é um padrão de segurança da informação apenas, sendo menor sua abrangência em relação ao COBIT e ITIL que se referenciam ao processo de TI como um todo.

FRAMEWORK	COBIT	ITIL	ISO 27001
Função	Mapear Processos de TI	Mapear a Gestão dos Níveis de Serviço de TI	Framework de Segurança da Informação
Dimensão	4 Processos e 34 Domínios	9 Processos	10 Domínios
Responsável	ISACA www.isaca.org	OGC www.itil-officialsite.com/	Comitê ISO http://www.iso.org
Objetivo	Auditoria de Sistemas da Informação	Gerenciar Níveis de Serviço	Aderência aos Padrões de Segurança
Consultoria Implantação	Auditoria, Consultoria de TI	Consultoria de TI	Consultoria de TI, Segurança de Informação, Redes

Indicadores de Governança - Estratégia de TI vs. Negócio

Figura 24. Estrutura de Governança Corporativa e TI

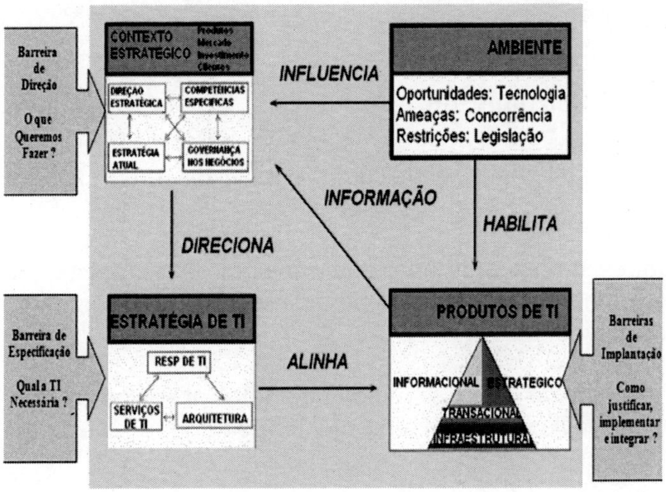

Figura 25. Direcionadores/oportunidades de Governança de TI

Técnicas de entrevista de auditoria

As entrevistas são uma ferramenta de auditoria útil para recolher a informação sobre controles internos e riscos de fraude por diversas razões:

- Empregados envolvidos nas operações do dia-a-dia de uma área funcional possuem o melhor conhecimento da área. Estão em uma posição excelente para identificar fragilidades nos controles internos e riscos de fraude.

- Embora a maioria de empregados não sejam envolvidos diretamente em fraudes, podem ter pistas/conhecimento do suspeito ou responsável.

- Os empregados podem ser relutantes em dizer a gerência sobre controles internos necessários e fraude suspeitada ou real, mesmo quando uma companhia tem um canal direto para isso ou outros mecanismos de reporte. Quando entrevistado, entretanto, empregados estão frequentemente dispostos e ficam aliviados ao falar sobre ações suspeitas.

Entrevista vs. Interrogatório

Compreender a diferença entre uma entrevista e um interrogatório é importante.

- A entrevista típica de análise é conjunto de perguntas sobre o processo (checklist) conduzido normalmente na estação de trabalho do entrevistado.

- A finalidade da entrevista é aprender fatos novos ou confirmar a informação previamente obtida. Um interrogatório, ou "busca pela verdade" é bem diferente.

- A diferença preliminar é o estado de ânimo do entrevistado. Em uma entrevista, o entrevistado é geralmente um participante disposto que ajuda ao entrevistador no processo de determinar os fatos.

- Uma interrogação ocorre somente quando um fraudador suspeitado foi identificado. A tarefa do entrevistador é persuadir o indivíduo a admitir um ato ou uma omissão que não tem nenhuma intenção da divulgação. Entrevistar exige a habilidade de organizar pensamentos e discussão ao longo de um trajeto lógico.

- A interrogação exige aquelas habilidades acopladas com a habilidade de persuadir um indivíduo dizer algo que funciona contrariamente a seus instintos da sobrevivência.

Conduzindo a entrevista

A entrevista deve ter um tom que seja formal, amigável, e não ameaçador; deve seguir uma estrutura predeterminada (explanação dos objetivos, checklist de perguntas e próximos passos); e deve conduzir a um levantamento significativo. Um entrevistador deve preparar um jogo das perguntas e de uma indicação introdutória que explique a finalidade da entrevista. Esta preparação ajustará o tom para uma entrevista séria, decidida, e eficaz.

O entrevistador deve adaptar a entrevista a linguagem e conhecimento do entrevistado. Construir um relatório com um entrevistado é praticamente uma função "de quem entrevista quem".

Por exemplo, é mais difícil para um auditor da equipe construir o relatório e divulgá-lo a um CIO (Gestor de TI), CFO (Gestor Financeiro) ou CEO (Presidente, Diretor Geral) intimidador do que para que o gestor do trabalho de auditoria.

Para que o gestor do trabalho de auditoria conduza cada entrevista não é viável que os sócios ou os gerentes experientes da auditoria entrevistem a alta administração. Os gerentes, os seniores, e os demais auditores entrevistam dos níveis de média gerência aos responsáveis pelo operacional do processo.

A entrevista deve sempre ser conduzida em caráter confidencial. Se a estação de trabalho do entrevistado não é suficiente, a seguir o entrevistador deve usar uma sala de reunião. Uma entrevista é mais bem sucedida quando o assunto é confortável e conduzido facilmente.

A maioria das pessoas está mais confortável em seu próprio ambiente de trabalho e quando puderem responder a perguntas sem interesse que um colega de trabalho esteja ouvindo.

É essencial na primeira parte da entrevista que o Auditor explique os objetivos do trabalho ao entrevistado a fim de incentivar uma discussão aberta.

Estruturar as perguntas para progredir do geral ao específico permite ao entrevistador alcançar o objetivo da análise e ajuda a perceber mudanças no comportamento de um entrevistado que pode sinalizar um tópico suspeito ou sensível enquanto as perguntas se tornam mais focalizadas.

Os entrevistadores hábeis são mais sensíveis aos indicadores de linguagem corporal, como por exemplo, decepção pela tentativa de enganar o entrevistador. As declarações falsas, entretanto, não são sempre indicadoras da fraude; podem cobrir acima deficiências pessoais ou profissionais de um indivíduo. Fazer uma declaração falsa durante uma entrevista é fatigante para a maioria das pessoas.

Quando uma declaração falsa é feita, o entrevistado libera esforço verbal, não verbal, ou de ambas as maneiras. Os indicadores da decepção variam de individual ao indivíduo. Podem ser tão sutis quanto uma mudança no tom da voz ou tão óbvia quanto uma mudança repentina. Um entrevistador hábil deve ser treinado para identificar estes indicadores e para ter uma compreensão completa de seu significado potencial. Porque a finalidade principal da entrevista de levantamento é procurar a informação, as perguntas em aberto devem ser enfatizadas.

As perguntas devem ser estruturadas para incentivar o entrevistado oferecer a informação.

Por exemplo: "você tem conhecimento que existam problemas quanto à realização de backup diário dos dados?"

Fornecerá provavelmente mais informação do que toda a pergunta fechada como: "o backup é feito diariamente?"

Os entrevistadores devem ser bons ouvintes, lembre-se de que auditor vem da palavra ***akroatos*** (grego) para auditor, significa ouvinte, ou seja, nunca interrompa uma resposta em aberto.

Uma das últimas perguntas em cada entrevista deve ser bem aberta; por exemplo, "há qualquer outra coisa que você gostaria de me dizer a respeito das operações de seu departamento?" Ou mesmo "Me esqueci de discutir algum tópico importante com você?"

Documentando a Entrevista

Durante a entrevista, a função de anotar depende do estilo e memória do auditor. Uma forma consistente de anotar deve ser mantida durante toda a entrevista – anotar demais ou muito pouco, pode atrair a atenção do entrevistado e afetar as respostas ou desorientar a entrevista. Uma vez completa a entrevista, o auditor deve imediatamente formalizar (ata) os itens discutidos e pessoal entrevistado, para suporte às demais evidências coletadas. O auditor pode manter também os registros de suas anotações, como referência em caso de contestações até o fechamento dos trabalhos.

Utilizando a Entrevista na Auditoria

O chefe do trabalho de auditoria deve ler todas as formalizações das entrevistas para interar-se e verificar itens e pendências adicionais a esclarecer, caso estas revelem deficiências na gestão dos controles internos, o auditor deve expandir suas análises nas áreas identificadas e talvez aumentar o escopo de seus testes.

Exercício II - Técnicas de entrevista de auditoria

Formular 10 perguntas referentes aos processos:

- Contabilidade (demonstrações financeiras);
- RH (controle de pessoal);
- Faturamento (controle de vendas faturadas);
- Estoque (controle de estoque);
- Contas a pagar/receber (controle de fluxo de caixa).

Com base no seguinte checklist de auditoria abaixo:

Assunto:	Backup				
Entrevistado:					
Área de Atuação				Ramal:	
Data da Entrevista:		Horário de Início:		Horário de Término:	

01. Quem são os funcionários/áreas responsáveis pela execução do backup?

02. Qual a frequência em que são realizados os backups (diário, semanal, mensal, anual)?

03. Quais controles são utilizados para assegurar que o backup foi concluído corretamente?

04. São realizados testes de restauração com as fitas de backup?

05. Os procedimentos de backup estão formalmente documentados?

06. As mídias de backup são devidamente identificadas?

07. Como é feito o controle das fitas de backup?

08. Quais funcionários possuem autorização para terem acesso as fitas de backup?

09. A movimentação das fitas de backup (entradas e saídas) fica m registradas em algum documento?

10. Como é o processo de restauração das fitas de backup?

11. Quais funcionários podem solicitar a restauração das fitas de backup?

12. Em quais situações são solicitadas restaurações de fitas de backup?

13. Existe um ambiente separado para teste das restaurações antes destas serem implementadas no ambiente de produção?

14. Os procedimentos para restauração das fitas de backup estão formalmente documentados?

15. Onde ficam armazenadas as fitas de backup?

16. Existe armazenamento off-site das fitas de backup?

17. Quem é responsável pela definição dos itens que devem ser incluídos na rotina de backup?

18. Já ocorreu algum incidente onde foi necessário a restauração das fitas de backup?

19. Os backups realizados atendem a legislação vigente?

20. Qual é a periodicidade para substituição das fitas de backup?

21. São realizados inventários das fitas armazenadas off-site?

22. As fitas de backup estão adequadamente identificadas?

23. Como é feito o transporte das fitas para armazenamento off-site?

Controles Gerais de TI

Figura 26. O seu risco é controlado ???

Mapeamento dos Controles na Avaliação de Sistemas

Tomemos como exemplo uma grande empresa financeira que fixou como objetivo "Melhorar o relacionamento e exceder em 20% o número de clientes", neste caso, nós perguntaríamos:

Quais seriam as necessidades operacionais a serem consideradas para atender a este objetivo: Aumento da capacidade de processamento? Maior banda nos links de comunicação? Maior número de canais de comunicação/ relacionamento (Internet, Extranet, WAP – Wireless Application Protocol,...)?

Quais os riscos que terão de ser assumidos para atingir este objetivo: Trabalhar com nível limite de processamento? Maior exposição a ataques de Hackers? Maior possibilidade de fraudes?...

Mas como Controles Gerenciam Riscos?

Neste caso, alguns exemplos de Atividades de Controle:

Planejamento de capacidade, Monitoração da largura de banda (Desempenho, Disponibilidade), Monitoração de tráfego suspeito de rede (IDS), Adoção de métodos de autenticação forte (Biometria, Senhas Fortes), Gerenciamento de Incidentes, etc.

Os Controles consistem nas políticas e procedimentos que nos ajudam a garantir que as estratégias de negócio sejam atendidas, tomando as ações necessárias para gerenciar os riscos concomitantes a estas respectivas estratégias.

Ao mesmo tempo, deve existir garantia que estes procedimentos sejam periodicamente executados a fim de assegurar a aderência ao respectivo controle.

Tipos de Controles

Controles geralmente podem ser classificados em 3 tipos os quais possuem focos distintos:

Preventivos: Prevenção do problema: Segregação Física de CPD (Porta-Cofre,...), Segregação Lógica de Rede (DMZ – Zona Desmilitarizada,...), Inteligência Artificial (análise de comportamento do cliente) para evitar fraudes (José tenta usar cartão de crédito às três horas da manhã para comprar R$ 7.000 em carne no açougue).

Detectivos: Detecção do problema: Identificação de tráfego suspeito na rede (IDS-Intrusion Detection System), Análise Forense, Trilhas de Auditoria, Logs de Firewall, Sensores de Detecção de Incêndio.

Corretivos: Correção do problema antes de perdas ocorrerem: Verificadores de integridade das informações em aplicativos (sistema plano de saúde realiza indevidamente lançamentos de ginecologia para pacientes homens).

Controles Gerais de TI

Garantir a Segurança dos Sistemas: A importância destes controles é cada vez maior com o crescimento da utilização de diversas redes de comunicação (voz, dados) conectando pessoas ou empresas desde um mesmo prédio até países distantes. A eficácia dos controles de segurança física e lógica permite nível maior de confiança nestas comunicações e servidores, prevenindo acessos não autorizados, Crackers, Hackers e demais pessoas mal intencionadas.

Gerenciar Dados: Controles de processamento das informações nos aplicativos com o objetivo de garantir integridade e confiabilidade às transações realizadas.

Gerenciar Operações: Controles de programação e execução de tarefas dos operadores (schedulagem, backup,...), Monitoração de Desempenho, Procedimentos de Contingência, Gerenciamento e Planejamento de Capacidade do ambiente, Utilização de Recursos Computacionais e Comunicação (Processamento, Banda,...).

Gerenciar Configurações: Dispõe quanto a eficácia dos controles de aquisição, implementação e manutenção dos sistemas operacionais bancos de dados, telecomunicações e utilitários de Segurança.

Desenvolvimento e Manutenção de Sistemas Aplicativos: O que se refere a boas práticas de desenvolvimento e mapeamento dos controles de segurança conforme o risco do processo a ser automatizado. Estes controles visam racionalizar o alto custo operacional quando na implementação destes posteriormente ao desenho e implementação dos sistemas.

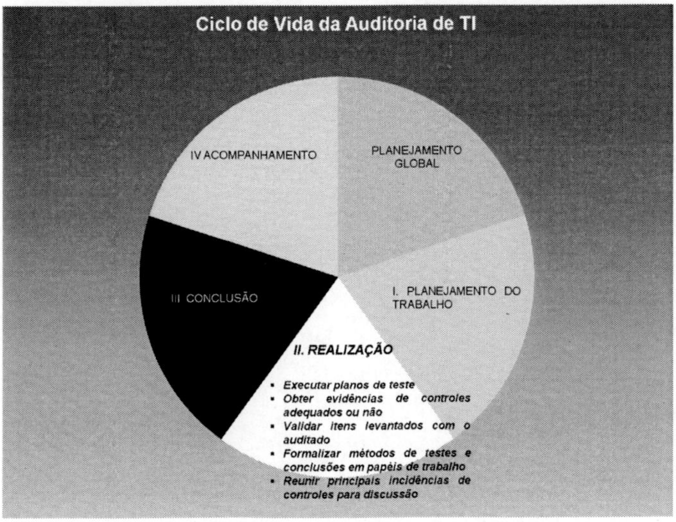

Figura 27. Realização do Trabalho de Auditoria

Capítulo 3

Análise da Infraestrutura e Sistemas Informatizados

a. RFP – Solicitação de Proposta

b. Introdução ao CMM – Capability Maturity Model

c. Matriz de Risco para projetos de implantação

d. Gerenciamento de Mudanças

e. Gestão de Qualidade – Testes de Esgotamento de Desempenho

f. Planejamento de Capacidade e Ferramentas

g. Virtualização dos Recursos de TI

h. Computação em Nuvem

RFP – Solicitação de Proposta (Request For Proposal)

Um documento produzido por uma empresa, buscando mercadorias ou serviços e distribuído para futuros possíveis fornecedores, consiste de:

- Introdução – Objetivo da Contratação
- Escopo – Qual é o Serviço Oferecido
- Escopo – Perímetro
- Escopo – Volumes e Baseline
- Minuta de Contrato
- Forma de apuração do Preço
- Indicadores de Desempenho
- Acordo de Nível de Serviço

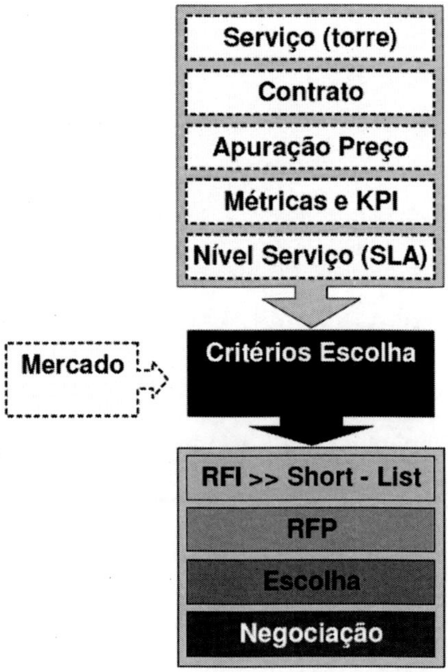

Figura 28. Fluxograma de uma RFP

Objetivo da Contratação

Quais as razões que levaram à empresa a iniciar a RFP? Explicação do porquê dos serviços serem terceirizados, ou da possível troca do fornecedor atual. Mencionadas expectativas quanto à redução de custos, melhoria da qualidade e agilidade, para dar ao fornecedor condições de entender a situação atual e qual a intenção da contratação.

Escopo – Qual é o Serviço

O escopo do serviço deve conter uma descrição clara das características do serviço e o que deve entregar. Evite descrições associadas à tecnologia, atendo-se ao serviço que se manterá ao longo do tempo, já que a tecnologia pode ser alterada muito rapidamente.

Evite descrições do tipo:	"Serviço de instalação de Windows XP em máquinas Intel"
Prefira descrições mais resistentes ao tempo:	"Serviço de instalação de software padrão em máquinas cliente"
Evite dúvidas do tipo:	"...e se trocar XP por Vista, muda o escopo do serviço?"

Escopo – Perímetro

Normalmente se dividem os serviços por "torres", as mais comuns são: Service desk, suporte de campo, data center, web hosting, gestão de redes (dados e/ou voz), desenvolvimento de aplicativos e manutenção de sistemas.

Estas sete torres cobrem 90% dos serviços de TI. Mas pode haver variações, como: Implantação de sistemas ERP, Collocation, monitoração da segurança, controle de ativos, testes, site backup e outras. Planejar o "recorte" de "torres" é necessário antes da RFP, quando se define a estratégia de contratação.

Dica: Para testar a definição de escopo pergunte-se: "como vou medir a entrega deste serviço?"

Escopo – Volumes e Baseline

Ainda no capítulo de escopo, é fundamental informar, com o maior detalhe possível, o inventário que pertence ao perímetro do serviço, e os volumes de serviço atuais, assim como a previsão de crescimento ou redução deste volume nos anos que se seguem, para que o fornecedor possa planejar a estrutura necessária para prestar os serviços, os investimentos futuros, seus custos e o cálculo do preço.

Dica: a informação clara e detalhada dos volumes, em forma de compromisso contratual, reduz as incertezas do fornecedor e permite que ele chegue a preços mais "enxutos" e competitivos.

Minuta de Contrato

Apresente ao fornecedor o modelo de contrato que será aplicado, que deve ter cláusulas de cunho legal e de serviços. No âmbito legal trata-se assuntos como garantias, padrões legais do cliente, normas, rescisão, etc. No agrupamento de cláusulas relativas a serviços, estão as condições para implantação dos serviços e a obrigatoriedade de apoio na saída, além dos temas como penalidades, continuidade, sub-contratação. Os "anexos" geralmente incluem os outros documentos básicos da RFP, citados aqui. Um bom contrato deve ser de interpretação clara e o representante legal da empresa deve revisá-lo o quanto antes, pois a aprovação interna do contrato demanda tempo adequado.

Dica: Evite recorrer ao fornecedor para estruturar o contrato, prefira usar uma empresa externa se for necessário. Os contratos padrão de fornecedores nunca têm cláusulas de defesa do cliente, tendem a proteger só os interesses do fornecedor.

Forma de apuração do Preço

Defina antecipadamente como espera pagar pelo serviço: valor fixo mensal, preço por uso, preço por recurso, uma fatura por filial, fatura centralizada, etc.

Especifique também a engenharia financeira que espera do fornecedor. Um modelo é diluir o investimento da implantação no valor mensal do serviço, assim o cliente não tem desembolso inicial. Outro modelo é "vender" os ativos ao fornecedor e, assim, obter recursos para investir em outras prioridades da TI.

Dica: especificar a estrutura de preços antecipadamente facilita a negociação do contrato, eliminando surpresas depois da RFP.

Indicadores de Desempenho

Descreva como espera medir o sucesso do serviço (o que é diferente de SLA). Indique ao fornecedor quais os parâmetros de desempenho são considerados mais importantes para que ele desenhe uma proposta de melhoria. Também é interessante indicar os quais são as metas que o fornecedor deve perseguir para que o contrato tenha continuidade (cláusulas de rescisão motivada por falha de desempenho).

Dica: a clareza do que se espera da evolução do contrato é o fator crítico de sucesso de uma contratação, pois documenta expectativas e orienta as negociações futuras.

Acordo de Nível de Serviço (SLA)

O nível de serviço mínimo aceitável. São chamados SLA (Service Level Agreement). Defina as SLAs no nível mais baixo que seja aceitável pela empresa e usuários, porém, entenda que SLA baixo não significa serviço ruim. Por exemplo, observemos uma SLA típica: "o tempo para atendimento não pode ultrapassar 30 segundos", isso indica o mínimo de serviço aceitável, mas não impede que o fornecedor faça melhor, ou seja, deve ser lido como: "até 30 eu aceito, acima disso, não te pago". Quem define a qualidade dos serviços são os indicadores de desempenho enquanto que as SLAs tem relação com o preço e a penalidade. Até mesmo por isso, diminua o número de SLAs, é um caso em que menos é melhor.

Dica: quanto mais alta a SLA, mais caro é o serviço, seja criterioso.

Exercício III – Request for Proposal

Examine a RFP - ANEXO 1 deste livro - de migração de tecnologias na www.Onlineshop.net.br e identifique se os itens mencionados nas páginas anteriores estão contemplados:

- Introdução – Objetivo da Contratação
- Escopo – Qual é o Serviço Oferecido
- Escopo – Perímetro
- Escopo – Volumes e Baseline
- Minuta de Contrato

- Forma de apuração do Preço
- Indicadores de Desempenho
- Acordo de Nível de Serviço

Introdução ao CMMI

(http://www.sei.cmu.edu/cmmi/)

O que é qualidade de software?

"Qualidade de software é a totalidade das características de uma entidade que lhe confere a capacidade de satisfazer às necessidades explícitas e implícitas" *(NBR ISO 8402).*

"... é a conformidade a requisitos funcionais e de desempenho explicitamente declarados, a padrões de desenvolvimento claramente documentados e a características implícitas" *(Pressman).*

Qualidade no produto

X

Qualidade no processo

O que é um processo de Software?

É uma infraestrutura contendo as atividades envolvidas no desenvolvimento de software. Sua definição depende da tecnologia e do paradigma adotados no desenvolvimento e pode ser facilitada pela adoção de um modelo de ciclo de vida.

Algumas normas de qualidade de processo

- ISO 90003(Padrão de gestão de qualidade para software)
- CMMI (Capability Maturity Model Integration)
- ISO 15504 (SPICE - processo de desenvolvimento de software)
- ISO 12207 (Processos do Ciclo de Vida)

Benefícios da certificação de qualidade

Para o Cliente:

- Saber a capacidade de um fornecedor.

Para a empresa de desenvolvimento:

- Determinar sua capacidade atual;
- Permitir processo de melhoria contínua.

Capability Maturity Model Integration-CMMI

Desenvolvido pela SEI - Software Engineering Institute da Carnegie Mellon University no final dos anos 80 por solicitação do departamento de defesa dos EUA.

Watts Humphrey foi um dos mentores do CMMI.

Processo IMATURO

- Ad hoc – improvisado
- Fortemente dependente dos profissionais
- Pouca produtividade geral
- Prazo e nível de qualidade difíceis de cumprir
- Mais riscos na adoção de novas tecnologias
- Precisa "apagar incêndios" frequentemente

O processo é MADURO quando:

- É bem conhecido por todos os envolvidos;
- Permite auditoria da fidelidade ao processo;
- Propicia adoção disciplinada de tecnologias;
- Os papéis e responsabilidades são claramente definidos;

- Permite acompanhamento da qualidade do produto;
- Permite acompanhamento da satisfação do cliente;
- O Cronograma, custo e qualidade são alcançados;
- Há melhoria contínua do processo.

Níveis do processo CMMI

- **Nível 1** - Inicial - organizações imaturas

  Não há metodologia implementada.

- **Nível 2** - Repetível - disciplina e estabilidade

  Empresa consegue produzir no prazo com custo previsível.

- **Nível 3** - Definido - padronização e consistência

  Garante o nível de qualidade no produto e no processo.

- **Nível 4** - Gerenciado - medição e controle

  O processo é definido, quantificado e acompanhado.

- **Nível 5** - Otimizado - melhoria contínua

  Mudanças no processo não prejudicam o desenvolvimento.

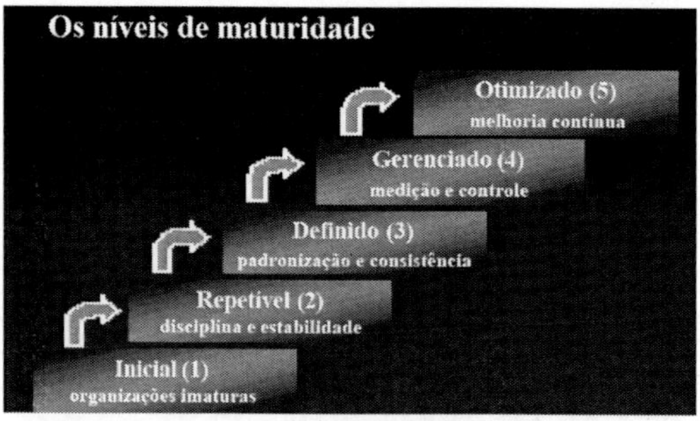

Figura 29. Níveis de Maturidade da CMMI

Nível 1 – Inicial

- Processo disforme e de baixa visibilidade;
- Resultados são imprevisíveis;
- Formas de controle muito pobres;
- Enormes dificuldades para previsões de
    - Cronogramas;
    - Orçamentos;
    - Funcionalidades;
    - Qualidade do produto.

Nível 2 – Repetível

- Disciplinado e estável;
- Procedimentos de gerenciamento de projetos;
- Aproveitamento sistemático de históricos;
- Padrões para projetos de software;
- Acompanhamento de custos, cronogramas e funcionalidades.

Processos disciplinados garantem a reprodução de processo já utilizados em projetos bem sucedidos em aplicações semelhantes. Gerência Reativa.

Nível 3 – Definido

- As saídas de uma atividade fluem naturalmente para as entradas da atividade seguinte
- Os processos de software são
    - Integrados no processo padrão da empresa;
    - Documentados
    - Padronizados
- A evolução do produto é visível através do processo

Existe um grupo para o estabelecimento dos padrões e multiplicação do conhecimento – SEPG (Software Engineering and Process Group).

Todos os projetos usam uma versão aprovada e individualmente adaptada do processo padrão da Organização. A Gerência é Proativa.

Nível 4 – Gerenciado

- Faz controle estatístico de processo
- Aponta causas da variação do processo
- Capacitação proativa
- Bases objetivas para tomada de decisão
- Gerência quantitativa de produto e processo
- Os processos de software e a qualidade do produto são medidos e controlados quantitativamente

Nível 5 – Otimizado

- Foco na melhoria contínua do processo
- Melhoria contínua proporcionada por
- Realimentação quantitativa do processo
- Condução de novas ideias e tecnologias

A organização tem capacidade gerencial para estimar e acompanhar quantitativamente o impacto e a eficácia das mudanças

Matriz de Risco para projetos de implantação

Um bom processo da avaliação e da gerência de risco é essencial ao sucesso de todas as implantações de sistemas, ou seja:

- Planejar a avaliação de risco
- Identificar as necessidades e objetivos da implantação

- Definir riscos da implantação
- Priorizar os riscos
- Gerenciar riscos e atividades de controle
- Estabelecer planos de ação
- Avaliar continuamente os riscos

Planejar a avaliação de riscos

A primeira fase de uma avaliação de risco é planejar as atividades. Um gerente de mudanças pode começar este processo selecionando a equipe responsável pela implantação para a avaliação de risco, determinando regras, ferramentas de apoio da gestão de riscos, tais como uma matriz do risco descrita neste guia de usuários. A equipe da avaliação de risco deve incluir representantes de todas as áreas envolvidas, não apenas peritos técnicos. Além disso, um facilitador e um coletor de informações devem ser selecionados para ajudar a equipe. A aplicação da matriz do risco deve ser utilizada quando conhecermos os objetivos chave e riscos envolvidos na implantação.

Identificando objetivos ou necessidades

Uma vez que o gerente de mudanças identifica equipe e ferramentas de avaliação de risco, a equipe identifica os objetivos e necessidades-chave, para auxílio na identificação dos riscos.

Vamos aprender agora como preencher uma matriz de riscos de implantação de projetos.

Instruções de Preenchimento da Matriz de Riscos

- **No. do Risco:** Um número inteiro positivo utilizado para identificar um risco.
- **No. do Risco Relacionado:** Números de risco afetados pelo risco discriminado (ex: risco de queda de energia pode prejudicar discos, conexão e mídias).

- **Risco:** Descrição de um risco que possa prejudicar a implantação no planejamento de custo, objetivos ou desempenho.

- **Impacto:** Caso o risco se materialize o impacto e consequências na implantação do aplicativo. Sendo de C, S, a Mo. As definições destas categorias são específicas a cada implantação:

  - **C (crítico):** Se o evento do risco ocorre, a aplicação falhará. As exigências aceitáveis mínimas não serão cumpridas.

  - **S (sério):** Se o evento do risco ocorre, o programa encontrará aumentos principais do custo/implantação. As exigências aceitáveis mínimas serão cumpridas. A maioria de exigências secundárias não podem ser cumpridas.

  - **Mo (moderado):** Se o evento do risco ocorre, a aplicação encontrará aumentos moderados do custo/implantação. As exigências aceitáveis mínimas serão cumpridas. Algumas exigências secundárias não podem ser cumpridas.

  - **Me (menor):** Se o evento do risco ocorre, o programa encontrará pequenos aumentos do custo/implantação. As exigências aceitáveis mínimas serão cumpridas. A maioria de exigências secundárias serão cumpridas.

  - **In (insignificante):** Se o evento do risco ocorre, não terá nenhum efeito no programa. Todas as exigências serão cumpridas.

- **Probabilidade(%):** A probabilidade de ocorrência é uma avaliação subjetiva da equipe de implantação, de que um risco pode acontecer. Estimar a probabilidade da ocorrência pode ser difícil na prática, mas o que importa realmente é a ordem das estimativas dos riscos:

  - 0-10%: muito improvável que o risco ocorra

  - 11-40%: improvável que o risco ocorra

  - 41-60%: mesmo com a probabilidade o risco ocorrerá

  - 61-90%: provavelmente o risco ocorrerá

  - 91-100%: muito provavelmente o risco ocorrerá

- Recurso (Tecnológico) Empregado : Lista de tecnologias disponíveis para mitigar cada risco mencionado.

- Gerenciamento do Risco: A estratégia para mitigar o risco mencionado.

Exercício IV – Matriz de Riscos de Implantação

Preencher a seguinte matriz de risco abaixo para um projeto de implantação de novos servidores de internet, considerando os seguintes riscos:

- Mídias de backup com problemas de gravação;
- Sobrecarga de transações de clientes nos servidores internet;
- Incompatibilidade de versões de software de sistema operacional e aplicativo;
- Queda ou sobrecarga de energia elétrica;
- "Crash" de discos rígidos (HD);
- Problemas de hardware (servidores, placas de rede,...);
- Rotinas de backup não agendadas corretamente;
- Queda de conexões à rede de dados;
- Regras de firewall (perímetros lógicos) mal configurados permitindo acesso irrestrito via ftp (transferência de arquivos)/ telnet (conexão direta) à rede internet;
- Conta de administrador com senha padrão.

Exercício IV - Objetivos Chave:

- Processamento intermitente de pedidos ;
- Disponibilidade 24X7 (24 h, 7 dias por semana);
- Impossibilidade contestações das compras por clientes;
- Segurança contra Hackers.

No. Risco	No. Risco Relacionado	Descrição do RISCO	Impacto	Probalidade (%)	Prioridade	Recurso (Tecnológico) Empregado	Gerenciamento do Risco

Gerenciamento de Mudanças

A gerência da mudança é disciplina da gerência do serviço de TI. O objetivo da gerência da mudança neste contexto é assegurar de que métodos e procedimentos padronizados sejam utilizados para o controle eficiente de todas as mudanças na infraestrutura de TI, a fim de minimizar o número e impacto de incidentes relacionados.

As mudanças podem se originar por resposta a problemas, mudanças normativo-regulatórias, na dinâmica competitiva dos negócios a fim de buscar a melhoria na eficiência/eficácia do processo e refletir as iniciativas do negócio, e consequente melhoria dos serviços.

A gerência da mudança deve assegurar que métodos, processos e procedimentos sejam utilizados para todas as mudanças, facilitem a manipulação eficiente e mantenham o equilíbrio apropriado entre necessidade da mudança e o potencial impacto prejudicial às mudanças.

A gerência da mudança é responsável para controlar o processo da mudança que envolve:

- Hardware;
- Equipamento e software de comunicações;
- Software de aplicativos;
- Toda a documentação e procedimentos associados para a execução, suporte e a manutenção de sistemas em produção;

- Aprovação em processo da gerência da mudança, autorizada por comitê específico que contém pessoal de áreas distintas de tecnologia (desenvolvimento, infra e suporte) e áreas clientes da mudança.

As atividades principais da gerência da mudança são:

- Filtragem de solicitações (identificação se esta seria realmente mudança e se necessária);
- Gerenciar mudanças e processo da mudança;
- Presidir comitê de mudanças e acompanhamento;
- Revisar e atender solicitações de mudança (RfCs);
- Redigir relatórios gerenciais com indicadores à alta administração.

Solicitação de Mudança – RfC (Request for Change)

É um pedido formal de mudança, incluindo a descrição da mudança necessária, os componentes afetados, as necessidades do negócio, estimativa de custos, avaliação de riscos, recursos necessários e status de aprovação.

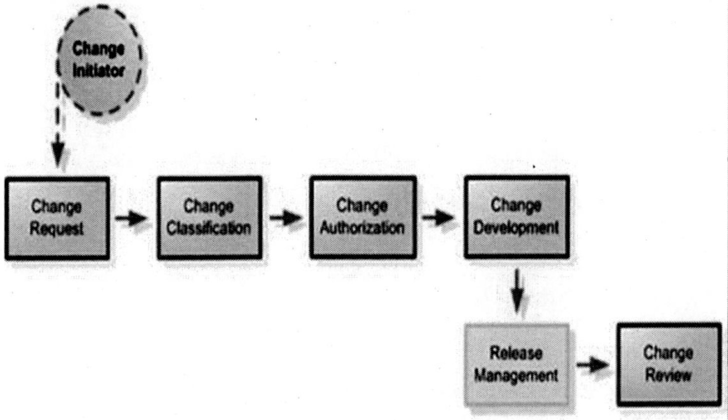

Figura 30. Fluxo de uma RfC

Uma RfC inclui as seguintes informações:

- Número único;
- Área responsável pela RfC;
- Data de envio;
- Breve descrição da mudança a ser aplicada;
- Razão para a mudança a ser implementada (Business Case);
- Efeitos sobre:
  - Áreas de negócio cliente;
  - Serviços de TI;
  - Componentes da Infra de TI;
  - Arquitetura de Tecnologia (é uma nova tecnologia a ser introduzida?).
- Riscos durante a execução da Mudança;
  - Tipos de risco;
  - Contramedidas (por exemplo: Processo de reversão).
- Calendário sugerido para a implementação;
- Recursos para a implementação;
  - Necessários recursos humanos (de quais áreas?).
  - Estimativa esforço exigido para o pessoal dos recursos.
  - Ações de treinamento necessárias.
    - Usuários no cliente
    - Recursos de TI
  - Estimativa dos custos.
  - Declaração das despesas incluídas no planejamento orçado.

Exercício V – Solicitação de Mudança

Preencher o formulário de RfC abaixo com dados do projeto de implantação de novos servidores de internet, com os riscos considerados na matriz de riscos do Exercício IV – Matriz de Riscos de Implantação.

<table>
<tr><th colspan="6">Formulário - 05.03.0001 - RfC - Solicitação de Mudança</th></tr>
<tr><td>#</td><td></td><td>Área responsável</td><td colspan="3"></td></tr>
<tr><td colspan="2">Data de Envio</td><td colspan="4"></td></tr>
<tr><td colspan="3">Breve descrição da Mudança</td><td colspan="3"></td></tr>
<tr><td colspan="3">Racional para a mudança</td><td colspan="3"></td></tr>
<tr><td colspan="3">Áreas Afetadas</td><td colspan="3"></td></tr>
<tr><th colspan="6">Riscos Identificados à Mudança</th></tr>
<tr><td colspan="2">Descrição do RISCO</td><td>Impacto</td><td>Probabilidade (%)</td><td>Recurso (Tecnológico) Empregado</td><td>Gerenciamento do RISCO</td></tr>
<tr><td colspan="2"></td><td></td><td></td><td></td><td></td></tr>
<tr><td colspan="2"></td><td></td><td></td><td></td><td></td></tr>
<tr><td colspan="2"></td><td></td><td></td><td></td><td></td></tr>
<tr><td colspan="2"></td><td></td><td></td><td></td><td></td></tr>
<tr><th colspan="6">Calendário Sugerido para a Implantação</th></tr>
<tr><th colspan="2">Datas</th><th colspan="4">Tarefas</th></tr>
<tr><td colspan="2"></td><td colspan="4"></td></tr>
<tr><td colspan="2"></td><td colspan="4"></td></tr>
<tr><td colspan="2"></td><td colspan="4"></td></tr>
<tr><th colspan="6">Recursos adicionais para a implantação</th></tr>
<tr><td colspan="6"></td></tr>
<tr><td colspan="6"></td></tr>
</table>

Gestão de Qualidade – Testes de Esgotamento de Desempenho (Stress Tests)

O objetivo dos testes de stress é executar uma carga na aplicação por período de tempo e captar todas as "falhas" ocorridas (bugs) que só ocorrem como resultado de sequências inesperadas ou combinações de operações.

Considerações sobre Testes de Stress

Simulações de carga de dados, muitos usuários, execução de transações em condições reais e estudo da frequência dos problemas de falhas sistêmicas, lembrando que para cada tipo de teste você tem um propósito.

As formas de medições mais comuns são as seguintes:

- Ocorrências de exceções, travamentos, ou outras indicações de falhas catastróficas como ABENDs (ABnormal ENDs).
- Acompanhamento de transações por segundo.
- Indicador de desempenho-chave: memória, a utilização da CPU, etc. Procura de tendências a longo prazo.
- Utilização de log de eventos para procurar indícios de que o sistema sob teste está enfrentando problemas.
- Utilização de depurador de código para a procura de falhas.

Relatórios de Testes de Stress

Acompanhamento do estresse global da aplicação, observando o número de:

- Execuções;
- Novos bugs encontrados;
- Execuções sem problemas;
- Testes por segundo.

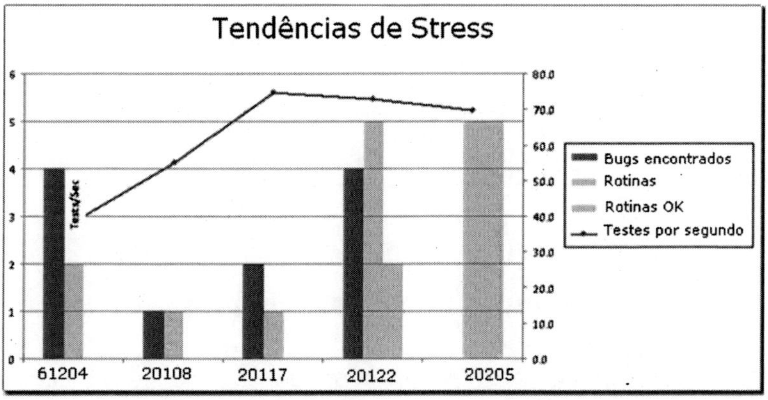

Figura 31. Gráfico de Tendências de Stress

Resolução de Problemas

Cada rotina de programa é analisada separadamente classificando os problemas e atribuindo responsabilidades.

Rotina	Data	Servidor	Programa	Cliente	Usuários	Total de Testes	Testes/ Seg.	Falhas	Problemas Encontrados
1	7/2/2007	lab26	20122	wks22	9	1.915.687	66,5	87	192651; 189778
2	7/2/2007	lab26	20122	wks55	9	1.791.949	66,5	0	
3	7/2/2007	lab26	20122	wks66	9	2.055.177	66,5	87	192651; 192652
4	8/2/2007	lab26	20122	wks25	9	1.653.120	66,5	101	192651; 139245
5	8/2/2007	lab26	20122	wks78	9	1.904.613	66,5	80	139245
6	7/2/2007	tsadm	20205	wks258	4	1.596.561	55,4	0	
7	8/2/2007	tsadm	20205	wks582	8	2.001.747	69,5	0	
8	8/2/2007	tsadm	20205	wks698	8	1.963.238	68,2	1	externo
9	9/2/2007	tsadm	20205	wks125	8	2.005.301	69,6	0	
10	8/2/2007	tsadm	20205	wks893	8	2.008.261	69,7	0	

ID	Classificação	Atribuído a	Resolução	Status	Descrição
192652	Acompanhamento	Marcelo Alves		Ativo	Stress Logs: Logs aprovadores comercial/vendas não apareceram pós processamento das aprovações das entradas dos pedidos clientes
139245	Acompanhamento	José Fonseca	OK	Fechado	Stress Base de Dados: Erro SQL deadlock (1205) em prc_ FechmtoCompra durante execução de teste

192651	Controle dos Fontes	Marcelo Alves		Ativo	Stress HTTP: Servidor não consegue gerar HTTP, para validação do cartão de crédito a partir da página principal do pedido na rotina Valida_Cartao_Bandeira
189778	Administração	José Fonseca	OK	Fechado	Stress Base de Dados: Violação de CHAVE PRIMÁRIA em tabela Perm_Acesso_Transação

Planejamento de Capacidade e Ferramentas

Na Tecnologia da Informação, Planejamento de Capacidade é a ciência de estimar a quantidade adequada de espaço, hardware, software, links e demais recursos de TI que serão necessários em um futuro período de tempo de acordo com as estimativas de crescimento dos negócios.

A preocupação de muitas empresas é de saber se os recursos são adequados para suportar número crescente de pedidos, bem como o número de usuários ou transações.

O objetivo do planejador é a capacidade de planejar a necessidade do negócio, garantindo o custo/benefício e equilíbrio entre o que é necessário para suportar o crescimento e o que ficaria sem utilização numa escala de tempo.

O material necessário para as previsões das necessidades futuras de capacidade são:

- Planos de negócio e
- Relatórios de utilização de recursos de TI

Esse material é obtido com a ajuda de ferramentas de monitoração para obter respostas para cenários como "Se ocorrer x % de crescimento?", para a simulação e exploração de um leque de possibilidades.

O planejador de capacidade é especialmente cauteloso a produtos que possuam escalabilidade (permitam upgrade futuro), estabilidade (largamente testados) e previsibilidade (possuem prova de conceito), em termos de suporte e atualizações.

O planejamento deve ser constantemente revisado e ajustado, a medida que surgem novas tecnologias, e previsões estratégicas de médio e longo prazo.

Como determinar a Capacidade de Tecnologia da Informação necessária para atender a Carga de Solicitações no Futuro?

Quantificar e definir o mais exato possível essas métricas de desempenho desejáveis para o futuro, isto é, determinar a Capacidade de Tecnologia da Informação necessária para manter o alto nível de Qualidade de Atendimento. Isso significa, na prática, montar a seguinte equação de Planejamento de Capacidade (CP):

$$\textbf{Coeficiente CP} = \frac{\textbf{Carga de Solicitações no Futuro}}{\textbf{Carga de Solicitações de Hoje}}$$

A Carga de Solicitações no Futuro é uma estimativa obtida com base na previsão de vendas e estratégia mercadológica da empresa para os próximos anos.

O Coeficiente CP deve ser sempre maior que 1. O ideal pode estar em torno de 2, não só para atender os grandes picos de demanda, como para se ter um horizonte maior para providenciar uma melhor capacidade de tecnologia da informação.

Exemplo: Cenários para Crescimento de 20% dos pedidos via internet.

Perfil Arrojado	20%	Crescimento
		1800
transações futuro	1800	
trans/dia hoje	1500	
Coeficiente	1,2	

Perfil Moderado	60%	Crescimento
		2400
transações futuro	2400	
trans/dia hoje	1500	
Coeficiente	1,6	

Perfil Conservad.	100%	Crescimento
		3000
transações futuro	3000	
trans/dia hoje	1500	
Coeficiente	2	

Analisando o quadro acima concluímos que:

- Com poucos recursos financeiros para crescimento assumimos um perfil mais arrojado, ou seja, cumprimos os 20% de crescimento, porém temos de assumir o risco de indisponibilidade em picos.

- Com 70% de crescimento temos um cenário mais confortável em termo de menor risco de indisponibilidade, porém com maior disponibilidade de recursos financeiros.

- Mas se existe disponibilidade farta de recursos financeiros, o mais conservador, neste caso, seria 100% ou seja, poderíamos duplicar a capacidade de processamento para os pedidos via internet.

Exemplos de Ferramentas

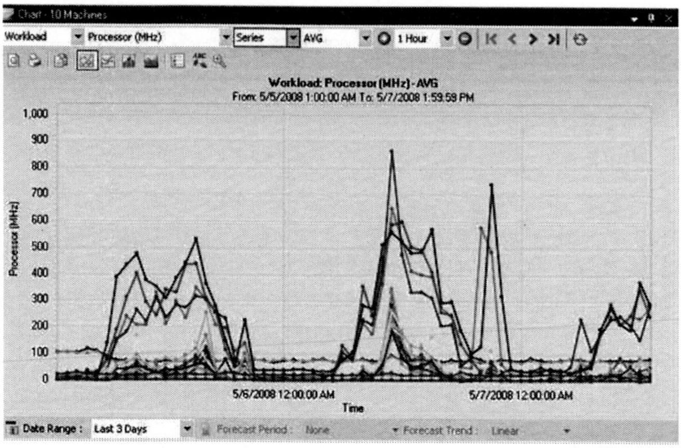

Figura 32. Ferramenta PowerRecon mostra carga de processamento para um host virtualizado.

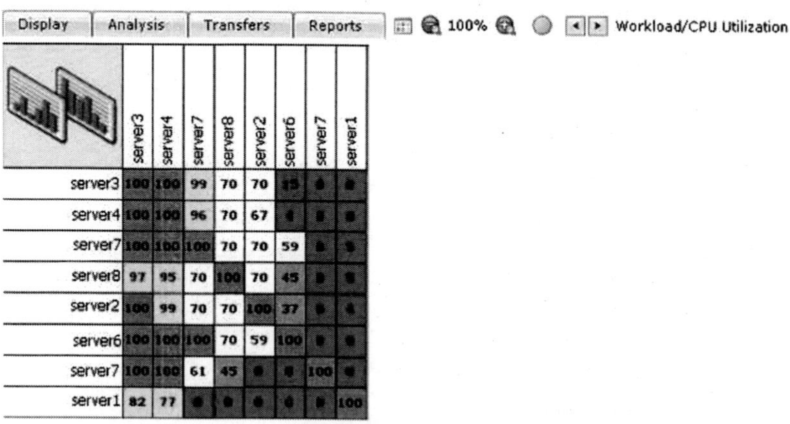

Figura 33. Este gráfico mostra a integração entre diferentes servidores em um CPD

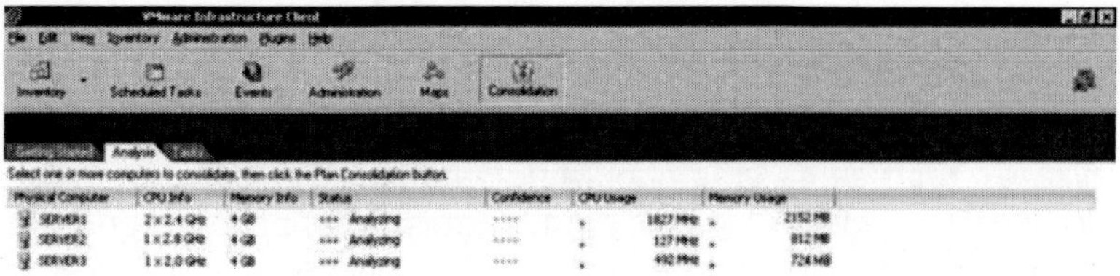

Figura 34. Ferramenta VMware, oferece informações básicas sobre utilização de processamento e espaço.

Virtualização dos Recursos de TI

Figura 35 Sistemas Operacionais Virtualizados.

Um tema muito discutido para otimizar recursos e custos do parque de TI, a virtualização não só ganha popularidade entre os profissionais, mas também entre executivos pela redução do TCO – Custo total de Gerenciamento da Infraestrutura e aquisição de equipamentos.

Mas se engana quem acha que esse é um tema novo, pois alocação virtual de partições, recursos de disco e processamento vem do Século XX, da época dos Mainframes (Grande Porte).A diferença é que essa tecnologia disponível na plataforma distribuída (Baixa Plataforma) atualmente conta com diversas ferramentas *open-source*, fóruns de conhecimento, amplamente divulgados e disponíveis para instalação sob diversos sistemas operacionais populares como Windows, Linux, Solaris, AIX, HP-UX, etc.

A virtualização representa uma quebra de paradigma nas práticas de gerenciamento em TI na plataforma distribuída, pois o conceito de considerar o equipamento físico, para "um servidor", "uma aplicação" já não se aplica mais de uma forma tão direta e clara nessa tecnologia, pois existe um Console de Gerenciamento da Virtualização ou Hypervisor instalado sob um Sistema Operacional Hospedeiro ou Carregado Diretamente no Hardware, onde um mesmo equipamento físico pode ter diversas partições lógicas e Sistemas Operacionais Convidados para aplicações distintas e totalmente independentes entre si.Nesse caso, há de se repensar os modelos de gerenciamento de risco para infraestrutura, segurança e continuidade de negócio, pois um único equipamento "físico" pode ser considerarado todo ou boa parte do "parque lógico" de servidores virtuais de uma empresa, sendo um Ponto Único de Falha ou SPOF (em inglês *Single Point OfFailure*) em caso de desastres.

Particionamento Lógico ou LPAR

Um conceito que veio dos Computadores Mainframes e largamente empregado na virtualização é o Particionamento Lógico ou LPAR, o que nada mais é que a divisão do processador de um computador, memória e armazenamento em vários conjuntos de recursos, de modo que cada conjunto de recursos pode ser operado de forma independente em sua própria instância (objeto com comportamento e estado definidos por uma classe de atributos) com sistema operacional e aplicações próprias.

O número de partições lógicas que podem ser criados depende do modelo de processador do sistema e os recursos disponíveis.

Cada partição pode se comunicar com as outras partições como se a outra partição estivesse em uma máquina separada.

O particionamento lógico foi inicialmente estudado pela IBM em 1976 e, posteriormente, introduzido nos Mainframes.

O que é Virtualização?

De acordo com a enciclopédia online Wikipédia: **Virtualização é a técnica de separar aplicação e sistema operacional dos componentes físicos**.

Por exemplo, uma máquina virtual que possui aplicação e sistema operacional como um servidor físico, mas estes não estão vinculados ao hardware e uma instância ou "imagem" dessa máquina pode ser disponibilizada onde for mais conveniente. Uma aplicação deve ser executada em um sistema operacional em um determinado hardware. Com virtualização de aplicação ou apresentação, estas aplicações podem rodar em um servidor ou ambiente centralizado e serem portadas para outros sistemas operacionais e hardware.

Soluções de Virtualização

- Virtualização de servidor — técnica de execução de um ou mais servidores virtuais (convidados) sobre um servidor físico (hospedeiro).Permite maior densidade de utilização de recursos (hardware, espaço e etc.), enquanto permite que isolamento e segurança sejam mantidos;

- Virtualização de aplicação —permite executar aplicações em um ambiente virtualizado no desktop do usuário, isolando a aplicação do Sistema Operacional; isso é possível através do encapsulamento da aplicação no ambiente virtual — quando a solução completa de virtualização de aplicações é implantada, é possível distribuir aplicações de um servidor central;

- Virtualização de desktop — consiste na execução de múltiplos sistemas operacionais em uma única estação de trabalho, permitindo que uma aplicação de linha de negócio seja executada em um sistema operacional não compatível;

- Virtualização de apresentação — a virtualização de apresentação permite executar e manter o armazenamento das aplicações em servidores centralizados, enquanto provê uma interface familiar para o usuário em sua estação.

- Infraestrutura de desktop virtual (Virtual Desktop Infrastructure - VDI) — o VDI permite que hospedem máquinas virtuais cliente em uma estrutura de virtualização como virtualização de servidores.

- Virtualização de perfil — com a virtualização de perfil, os usuários podem ter os documentos e perfil separados de uma máquina específica, o que permite a fácil movimentação do usuário para novas estações em caso de roubo ou quebra de equipamento; a virtualização de perfil também permite ter uma experiência de desktop única quando utilizando outras tecnologias de virtualização, como VDI.

Um dos componentes críticos para a implantação de um projeto de virtualização, independente da tecnologia utilizada, são as ferramentas de gerenciamento instaladas no Hypervisor ou Console de Gerenciamento da Virtualização. As ferramentas que gerenciam o ambiente Virtual devem gerenciar tanto o ambiente físico como o virtual, assim como Sistemas Operacionais Convidados e Aplicações pendurados nesse Console de Gerenciamento.

Fonte: http://pt.wikipedia.org/wiki/Virtualização

Arquiteturas de Virtualização

A virtualização tem algumas implicações negativas de segurança, pois conceitualmente a Virtualização adiciona camadas de tecnologia, que podem aumentar a carga de gerenciamento de segurança, necessitando de controles de segurança adicionais. A combinação de muitos servidores em um único computador físico pode causar um impacto maior se ocorrer um comprometimento da segurança deste último.

Além disso, os sistemas de virtualização permitem a facilidade de compartilhamento das informações entre os Servidores Virtualizados; essa conveniência por si só, já pode vir a ser um vetor de ataque, caso não for cuidadosamente controlada.

Existem duas arquiteturas básicas de virtualização, conforme a figura abaixo em alto nível:

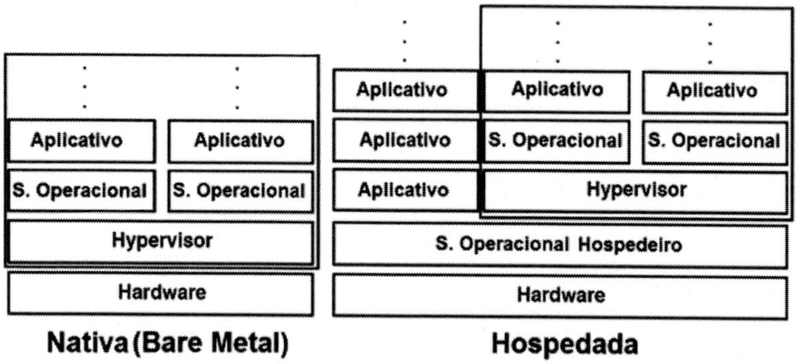

Figura 36 Arquiteturas de Virtualização.

- **Virtualização Nativa** ou ***Bare Metal***, o Console de Gerenciamento da Virtualização (ou Hypervisor) é executado diretamente no hardware, **sem a presença de um Sistema Operacional Hospedeiro**, nessa arquitetura o Hypervisor também pode ser gravado na memória nativa (firmware) do computador.

- **Virtualização Hospedada**, o Hypervisor é instalado e executado sob o **Sistema Operacional Hospedeiro**, tais como Windows, Unix, Linux, MacOS, etc. Nessa arquitetura há também uma camada adicional de software (o aplicativo de virtualização) rodando no **Sistema Operacional Convidado (Virtualizado**) que fornece utilitários para controlar a virtualização, como a capacidade de compartilhar arquivos com o **Sistema Operacional Hospedeiro (onde se instala o Console de Gerenciamento de Virtualização)**.

Fonte: nist.gov Special Publication 800-125 - Guide to Security for Full Virtualization Technologies - http://csrc.nist.gov/publications/nistpubs/800-125/SP800-125-final.pdf

As Vantagens da Virtualização

Podemos citar aqui diversas vantagens e razões para a adoção de uma estratégia de virtualização:

- Maximização do uso dos recursos de Hardware;
- Redução do custo de administração de sistemas;
- Menor tempo para tornar os equipamentos operacionais;
- Maior disponibilidade e atividade dos equipamentos;
- Redução de despesas com cabeamento de rede, hardware e infraestrutura;
- Redução de despesas operacionais com instalações e manutenção;
- Maior flexibilidade e escalabilidade;
- Consolidação do centro de dados;
- Maior velocidade para na implantação de servidores utilizando instâncias/imagens padrão de configuração;
- Maior capacidade e centralização em gestão de máquinas virtualizadas;

- Maior tempo de operação uma vez que uma máquina virtual pode ser rapidamente reiniciada após uma falha no sistema;
- Recuperação de desastres e backups mais rápidos pela possibilidade de alocação e compartilhamento de recursos de capacidade de processamento e armazenamento entre diversas máquinas virtuais.

Outros benefícios:

- Possibilidade de realização de testes em múltiplas configurações de ambientes e sistemas operacionais;
- Imagem do servidor contida num arquivo facilita a duplicação deste e armazenamento em locais alternativos;
- Simulação de suporte técnico em diversos ambientes;
- Treinamento e qualificação de profissionais em vários ambientes;
- Segregação de ambientes para teste e implementação de aplicativos: desenvolvimento, homologação e produção mais fácil e com menor custo.

Mudança de Paradigma no Gerenciamento de Riscos

Considerando que o Hypervisor (Console de Gerenciamento da Virtualização) assume o papel do antigo conceito de Sistema Operacional dos Servidores Virtualizados (Sistemas Operacionais Convidados), entende-se que riscos aplicados ao Equipamento e Sistema Operacional Hospedeiro que armazena este Console aplicam-se a todos os servidores virtualizados pendurados neste, ou seja, aplicação de patches, atualização de antivírus, serviços habilitados, logs, controle de acesso físico e lógico, por exemplo, entre recursos de memória compartilhada entre servidores distintos, etc.

Além disso, falando em aspectos de continuidade, esse Console de Gerenciamento passa a ser o único ponto de falha caso seja comprometido, levando consigo todos os demais servidores virtualizados.

Portanto, tal cenário deve ser bem avaliado com um inventário preciso e atualizado dos recursos virtualizados. Esse tipo de documentação, além de propiciar maior confiabilidade às informações, auxilia no atendimento às premissas de auditorias internas e externas, evitando o descumprimento de requisitos regulamentares e vulnerabilidades de segurança que levam à perda de produtividade, reputação e custos de remediação.

Como conduzir uma Auditoria em Virtualização?

Cada fornecedor oferece guias de configuração de segurança específicas para Console de Gerenciamento (Hypervisor), Sistema Operacional Virtualizado, Infraestrutura Virtualizada e Desktop Virtualizado, estes guias de segurança devem ser revistos em detalhes durante o planejamento da auditoria para o desenho dos testes do auditor.

Adicionalmente é necessário nessa etapa obter o inventário preciso e atualizado dos recursos virtualizados, ferramentas de gerenciamento, relação das topologias, guias/procedimentos de configuração aplicados, localização física, topologias lógica e física, etc. Quanto ao checklist de itens importantes, posso ressaltar algumas boas práticas (que podem variar conforme a tecnologia de virtualização instalada) como a seguir:

Políticas e Procedimentos

- As políticas e procedimentos de operação e segurança de TI consideram o ambiente de virtualização, ou estes tratam servidores virtuais como servidores físicos? As tecnologias de virtualização criam uma nova camada de gerenciamento da infraestrutura e segurança, por isso com a implantação de uma estratégia de virtualização, atualização e adequação das políticas e procedimentos vigentes devem fazer parte do projeto.

- Outro requisito importante nos procedimentos operacionais é a definição de responsabilidades claras e objetivas, no tocante ao envolvimento dos profissionais de segurança da informação em gestão de mudanças e nos processos, definição de modelos de configuração, homologação e implantação da arquitetura de virtualização da empresa.

Configurações de Segurança

Console de Gerenciamento/ Hypervisor

- Devemos ter atenção especial ao Sistema Operacional Hospedeiro onde fica instalado o Console de Gerenciamento de Virtualização: Como é o procedimento de atualizações críticas (patches)? Quais as definições de configuração de segurança? Existe análise de vulnerabilidades? Lembre-se de que esse console pode afetar todos os seus Servidores Virtualizados de aplicativos e bancos de dados que ficam "pendurados" nesse Host de Gerenciamento.

- Como são as configurações de acessos às pastas de arquivos do Host de Gerenciamento ? Servidores virtuais completos são gerenciados como arquivos que podem ser facilmente copiados, alterados ou corrompidos, caso não existam definições/restrições de acesso. Existe restrição de acesso à memória RAM? Os Servidores Virtuais "pendurados" podem gravar dados como chaves de criptografia e dados confidenciais na memória do Host de Gerenciamento.

- Algumas tarefas críticas devem possuir log e rastreabilidade como: criação de novos Servidores Virtuais, criação de contas de administrador, mudanças de parâmetros da infraestrutura de virtualização, como redefinição de tamanho de memória de Disco e/ou RAM, rotina de desligamento e reinício automático de sistema, configuração de serviços de conectividade, etc.

- A escolha da ferramenta de gerenciamento é também muito importante, uma vez que deve prover suporte para atualizações críticas de funcionalidade e segurança, e possibilitar o acompanhamento e desempenho em tempo real dos recursos de memória e processamento.

Sistemas Operacionais Hospedeiros e Convidados (Virtualizados)

- Os Aplicativos e Sistemas Operacionais Hospedeiros e Convidados passam por atualização crítica de funcionalidade e segurança frequentemente? Existe teste de vulnerabilidades de segurança nos Servidores Virtuais mais críticos para o negócio?

- Como é a segregação de ambientes entre Servidores de Testes e Servidores de Produção virtuais, estes compartilham recursos de um mesmo Sistema Operacional Hospedeiro destinado a testes? Nesse caso, deve-se averiguar cautelosamente as configurações, pois os ambientes de testes costumam ser mais vulneráveis para flexibilizar a realização de testes necessários das funcionalidades. Além disso, uma configuração para a realização de um teste de stress em um servidor de homologação, prova-de-conceito ou teste poderia consumir recursos de um servidor crítico de produção, provocando indisponibilidades.

- Servidores virtuais críticos possuem tratamento diferenciado na atribuição e monitoramento de recursos de processamento e memória ? Qual seria o planejamento de capacidade e desempenho em curso para estes?

- Estações de Trabalho Clientes de diferentes níveis de confiança (superior e inferior) não podem ser hospedadas em um único servidor físico com segregação de acessos insuficiente.

- Uma má segmentação na camada de virtualização pode resultar em comprometimento de todas as máquinas virtuais hospedadas e aplicações em execução.

- Controles inadequados sobre o acesso administrativo ao Console de Gerenciamento podem permitir o acesso não autorizado aos aplicativos em execução em computadores virtuais.

- A facilidade de criação de máquinas virtuais pode resultar em redução nos controles sobre a implantação, tais como desvios nos modelos de configuração vigentes e comprometimento da segurança.

- Os administradores devem estar atualizados sobre as vulnerabilidades de segurança e boas práticas de configuração em Consoles de Gerenciamento, Servidores Virtualizados e Estações de Trabalho Clientes de acordo com as especificações do fabricante da tecnologia de virtualização empregada.

Acessos Administrativos

- A revisão dos acessos administrativos estende-se a todas as camadas de virtualização?

  Vamos exemplificar: Se seus servidores de e-mail em MS Exchange são virtualizados, você tem os seguintes níveis de administradores para um mesmo servidor:

  - 1º. - Nível de aplicação de gerenciamento de e-mails (MS Exchange);
  - 2º. - Nível de Sistema Operacional Hospedeiro/Convidado (Administradores do Windows), e;
  - 3º. – Nível da Console de Gerenciamento de Virtualização (Hypervisor).

- Você já examinou as políticas e procedimentos para adicionar, remover, e rever periodicamente os acessos dos administradores à

Console de Gerenciamento ? Quais são os procedimentos para a criação de contas administrativas e que estas foram devidamente aprovadas pelo gestor competente? Além disso, quais os procedimentos para garantia da revisão periódica e remoção dos acessos em caso de desligamento dos colaboradores de TI ? Ausência destes controles podem colocar a integridade e disponibilidade de dados críticos ao negócio em risco.

Como auditar esse processo?

- Entreviste o Administrador da Console de Gerenciamento dos Servidores Virtuais, e averigue os procedimentos de criação de contas administrativas.
- Verifique autorizadores e justificativas pertinentes nas solicitações de acessos.
- Amostre uma quantidade de contas de acesso e revise as evidências de aprovação para antes da criação destas.
- Verifique se os acessos foram devidamente aprovados e se estão atribuídos conforme a necessidade de uso do administrador da console de gerenciamento.
- A Remoção de acesso pode ser checada através de uma conciliação (batimento) entre a Relação de acessos Ativos na Console de Gerenciamento vs. a Relação de Funcionários e Prestadores de serviços atualizada, eventuais inconsistências devem ser questionadas ao gestor responsável pelos acessos e não conformidades identificadas devem ser reportadas.

Acessos Remotos

Analise e avalie a segurança da Gestão do Console de Gerenciamento remoto.

- Cada Console de Gerenciamento possui suas próprias ferramentas de gerenciamento para permitir a administração remota de outros Consoles de Gerenciamento e máquinas virtuais. Muitas dessas ferramentas disponíveis no mercado permitem gerenciar outros Consoles de Gerenciamento de Virtualização e ambientes heterogêneos virtuais sem problemas. Apesar de diferenças óbvias de configuração entre cada Console de mercado, os procedimentos que devem ser revistos são muito semelhantes.

- Desabilitar Serviços, Interfaces de Programação (APIs) e funcionalidades não necessárias ajuda a prevenir ataques ao Console de Gerenciamento, caso qualquer falha de segurança seja descoberta em relação a estas.

- Os usuários remotos devem acessar a Console de Gerenciamento utilizando contas que possam ser associadas ao seu usuário específico (não utilizar contas/usuários genéricos como Root, Admin, etc.) propiciando o devido log e rastreabilidade dos acessos.

- Como auditar esse processo?

- Verificar políticas de configuração de acesso remoto aplicadas, rever permissões das contas, principalmente as contas com perfil de administrador.

- Verificar a existência de logs e rastreabilidade dos acessos remotos em equipamento apartado do ambiente.

- Verificar se existem conexões realizadas sem criptografia (em texto claro) e quais as razões desta ocorrência, pois protocolos de criptografia devem sempre ser utilizados uma vez que a obtenção dados sigilosos e/ou senhas pode comprometer seriamente a segurança tanto no acesso remoto ao barramento de rede interno, tal como na administração de servidores de páginas Web em Zonas de Acesso Público/ Desmilitarizadas (DMZ) na Internet.

Recuperação de Dados (Backup) e Recuperação de Desastres

- Os procedimentos de *Backup/Restore* para Servidores Virtuais são os mesmos que são destinados aos servidores físicos?

- Servidores Virtualizados são configurados para o reinício automático após a inicialização do Sistema Operacional Hospedeiro? Ou tal reinício é manual pelo administrador?

- Qual o procedimento de inclusão de novos Servidores Virtuais nas rotinas de backup corporativo? Os parâmetros automáticos ou procedimentos são adequados ou estamos confiando apenas na memória do administrador?

Configurações e Instâncias/Imagens de Servidores

- Os procedimentos para a utilização de imagens/instâncias de servidor existem e são adequados para garantir que todas as configurações padrão e proteções de segurança foram aplicadas?

- Quando se coloca em produção uma nova instância de servidor quais os procedimentos de configuração (ex: privilégios de acesso, patches, desabilitar serviços, etc.) que afetam a segurança ou a eficiência, são rastreados/logados, pois caso o servidor volte para o estágio de imagem, todas as alterações de configuração e logs/rastreabilidade dessas configurações também serão perdidos. Esse método pode ser usado por administradores ou atacantes para cobrir seus rastros.

- Verificar quais serviços de rede e recursos estão habilitados na imagem padrão de servidores virtualizados e validar a sua necessidade com o administrador do sistema. Serviços desnecessários e suas características, podem aumentar a exposição ao risco de erros de configuração, vulnerabilidades e problemas de desempenho e complicar os esforços na resolução de problemas.

Gestão de Mudanças

- Uma vez que servidores virtuais não necessitam de aprovações para aquisição de hardware, data center, espaços adicionais em rack, ou portas de rede, como é que a área de TI tem o conhecimento de que novos servidores estão passando pelo processo normal de Gestão de Mudanças da empresa?

Conhecimento dos Profissionais em Tecnologias de Virtualização

- Verifique se os administradores da Solução de Virtualização têm conhecimento adequado para gerenciar o ambiente de virtualização, principalmente quando os servidores virtuais superam os servidores físicos. Formação inadequada em configuração e resolução de problemas, põe em risco a segurança, confidencialidade e a disponibilidade das informações gerenciadas neste ambiente.

- Verifique se os auditores e gerentes sabem o suficiente sobre a virtualização para avaliar adequadamente o ambiente.

- Questione se os administradores da Solução de Virtualização possuem referências apropriadas do fornecedor para configurações adequadas de Segurança e Acessos Remotos à Console de Gerenciamento.

- Referências de mercado devem ser utilizadas para verificar se a configuração do ambiente está apta para habilitação da virtualização e acessos remotos ao ambiente. Por exemplo a Tripwire e a VMware possuem uma ferramenta de análise de segurança automatizada (Ex: ConfigCheck) para os seguintes tópicos abaixo:
  - Nomenclatura de SubRedes Virtuais;
  - Configuração de Portas de Rede;
  - Isolamento de Rede para VMotion e iSCSI;
  - Configurações de Segurança nas camadas de virtualização;
  - Parâmetros de endereçamento de placas de rede virtuais;
  - Configurações de Segurança para a Console de Gerenciamento/ Hypervisor do Software de Virtualização;
  - Mascaramento e zoneamento dos recursos de Storage (SAN);
  - Particionamento de Discos para o Sistema de Arquivos Raiz;
  - Configuração da base de dados de Servidores Virtuais;
  - Mudanças de Configuração no Console de Gerenciamento de Virtualização.

Computação em Nuvem

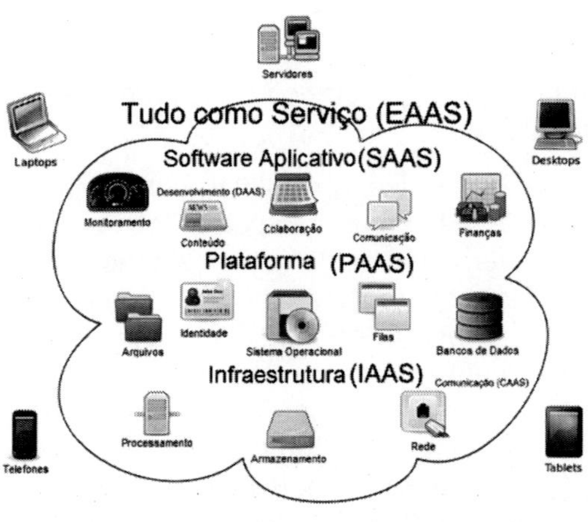

Figura 37 Serviços disponíveis na Computação em Nuvem

Com as tecnologias de virtualização em alta, surgiram novos modelos comerciais e de custos em Serviços de Tecnologia da Informação: Equipamentos, conectividade e aplicativos podem ser oferecidos virtualmente como um serviço e o pagamento condicionado à utilização do recurso, eliminando compras desnecessárias de recursos, reduzindo custos de manutenção/alteração de plataforma e aumentando exponencialmente a velocidade de automatização dos processos de negócio, sendo necessário para a utilização, acesso e/ou administração de um ambiente inteiro de TI apenas um computador conectado à grande Nuvem, ou seja, a internet.

Quanto ao gerenciamento dos riscos, vamos falar de uma grande quebra de paradigmas aqui, pois antes gerenciávamos riscos "no ambiente físico e lógico da empresa" com equipamentos, pessoas e processos, contidos na maioria das vezes dentro da empresa, ou em um parceiro de negócio alocado dentro ou em suas próprias instalações de TI.Falando em nuvem pública ou híbrida, praticamente entregamos todos ou boa parte dos nossos dados a um terceiro prestador de serviços que pode estar em nosso país, ou mesmo em qualquer lugar do mundo, com todos os riscos relacionados à transmissão, armazenamento, privacidade e também responsabilidades quanto a riscos de vazamento dessas informações.

Adicionalmente devemos entender também as regulações do negócio, legislações aplicáveis e jurisprudências do nosso país e do país onde hospedamos estas informações. A ideia aqui não é dificultar a entrada na Nuvem, mas sim ressaltar uma velha reflexão em gestão de riscos de TI abordada em qualquer auditoria de sistemas sobre:

- "O que realmente é uma informação/aplicação de missão crítica (classificação das informações)" e;
- "Como vou proteger os segredos que diferenciam a minha empresa das demais?".

Uma pesquisa da ISACA, realizada em 2010 com empresas de tecnologia para verificar a aceitação das empresas para adoção de uma solução de TI na Computação em Nuvem, apresenta algumas conclusões bem interessantes. Segundo a pesquisa, quarenta e cinco por cento dos profissionais de TI creem que os riscos superam os benefícios, e apenas 10 por cento dos entrevistados consideravam a mudança das aplicações de "missão crítica" ou de maio criticidadepara a nuvem. Resumindo, as estatísticas da ISACA e os números da indústria indicam que a computação em nuvem já é uma opção de modelo de negócios, entretanto, pelos riscos envolvidos, ainda não é a primeira escolha da lista.

Como se trata de um **modelo novo de negócios e prestação de serviços**, bem como as obrigações entre fornecedores e clientes, legislação, contratos e comportamento dos fornecedores, pode-se dizer que ainda os modelos de implantação pública e híbrida se aplicam nesse momento apenas a atividades de negócios de baixo ou médio risco, porém isso tende a mudar com o tempo, pois as recompensas podem ser enormes, se os riscos forem bem gerenciados.

Alguns serviços oferecidos na Computação em Nuvem:

- **Software como Serviço** (*Software as a Service - SAAS*): software aplicativo, hospedado em servidor na nuvem entregue *on-demand*, conforme a necessidade do cliente de forma on-line e acessível através de um cliente, por exemplo, um navegador web conectado à internet;

- **Plataforma como Serviço**(*Platform as a Service - PAAS*): pacote de soluções de plataforma, como servidor, sistema operacional e banco de dados on-line para facilitar implementação de aplicativos, sem os custos e complexidades tradicionais do gerenciamento e manutenção de servidores;

- **Infraestrutura como Serviço** (*Infrastructure as a Service - IAAS*) modelo de serviços de armazenamento, hardware, servidores e componentes de rede para apoiar as operações na nuvem, possibilitando escalabilidade automática, pagamento apenas pelos recursos utilizados e a terceirização da hospedagem, operação e manutenção, conforme a necessidade do negócio, por exemplo, aumento de recursos de processamento por sazonalidade (dia das mães, natal, etc.) de transações de vendas on-line;

- **Desenvolvimento como Serviço (***Development as a Service - DAAS***)**: ferramentas de desenvolvimento on-line tomam forma na computação em nuvemcomo ferramentas compartilhadas, ferramentas de desenvolvimento baseadas na *web* etc.;

- **Comunicação como Serviço (***Communication as a Service - CAAS)*: soluções de Comunicação Unificada, como um pacote de: Telefonia, Rádio, Videoconferência, Mensagens instantâneas, E-mail, etc. hospedada em Data Center do provedor ou fabricante,

- **Tudo como Serviço (***Everything as a Service - EAAS***)**: pacote completo de serviços de TIC (Tecnologia da Informação e Comunicação) como infraestrutura, plataformas, software, etc.

Tipos de Implantação da Nuvem

- **Nuvem Privada**. A infraestrutura da Nuvem é mantida exclusivamente para uma organização. Pode ser gerida pela organização ou por um terceiro, dentro ou fora das instalações da empresa contratante dos serviços de Nuvem.

- **Nuvem Comunitária**. A infraestrutura da Nuvem é compartilhada por diversas organizações e suporta uma comunidade específica que compartilha das mesmas premissas e padrões (por exemplo, missão, políticas, procedimentos de segurança e requisitos de *compliance*). Pode ser gerida pelas organizações ou por um terceiro dentro ou fora das instalações da empresa contratante dos serviços em Nuvem.

- **Nuvem Pública**. A infraestrutura da Nuvem é disponibilizada para o público em geral, ou entre vários consumidores de soluções de Nuvem de uma grade empresa de venda de serviços em Nuvem, neste modelo a propriedade dos equipamentos é desta empresa de prestação de serviços em Nuvem.

- **Nuvem Híbrida**. A infraestrutura da Nuvem é uma composição de duas ou mais Implantações de Nuvens (Comunitária, Privada ou Pública) e que permanecem entidades únicas, mas são unidas por uma tecnologia padronizada ou proprietária que permite a portabilidade de dados e aplicação (por exemplo, nuvem utilizada para balanceamento de carga entre nuvens).

Fonte: nist.gov Publication 800-145 -
The NIST Definition of Cloud Computing
http://csrc.nist.gov/publications/nistpubs/800-145/SP800-145.pdf

Gerenciamento de Riscos na Nuvem

Antes de entrar em detalhes de como gerenciarmos os Riscos na Nuvem, lembre-se de que antes de planejar mover redes, servidores, bancos de dados, é essencial compreender e classificar os riscos a cada informação e aplicação envolvida e depois ter uma estratégia de mitigação de cada um junto ao fornecedor de serviços de Nuvem.

- **Acesso aos Dados**: Os controles físicos, lógicos e de pessoal que foram implementados quando os dados ainda estavam dentro dos domínios da empresa vão continuar valendo para quando estes forem movidos aos Serviços da Nuvem? Como serão os procedimentos de gestão de chaves criptográficas dos dados na Nuvem ?

- **Conformidade Regulamentar**: Uma vez transportando os dados para a Nuvem de um provedor, não quer dizer que a empresa não seja responsabilizada perante os clientes para quaisquer questões de segurança e integridade que podem afetar os dados confiados pelo cliente a empresa.

- **Distribuição geográfica dos dados**: Onde estarão armazenados os dados da empresa? Você pode se surpreender ao saber que seus dados não podem ser residentes na mesma cidade, estado ou país onde se localiza a empresa.

- **Perda de Dados e Recuperação de Desastres**: Quais são as definições para Armazenamento externo dos dados em caso de desastres no provedor ? Qual a periodicidade da realização de backups ? As informações na Nuvem quase sempre são criptografadas para a garantia da privacidade, mas isso também tem um preço: Quais os procedimentos para recuperar dados criptografados corrompidos?

- **Aquisição do Fornecedor de Nuvem**: Se o provedor de serviços de Nuvem que atende a sua empresa for adquirido e/ou movido para outra localidade, os níveis de serviço e atendimento serão os mesmos? Quais seriam os procedimentos de retorno dos dados e descarte das informações da empresa em caso de rescisão contratual?

- **Disponibilidade de dados**: Quais são as garantias de disponibilidade e acesso às informações da empresa se a combinação de componentes do serviço da Nuvem do provedor como rede, equipamentos, aplicativos e armazenamento, ficar indisponível?

Níveis de Serviço para Computação em Nuvem

Cláusulas contratuais, Acordos de Níveis de Serviço ou SLAs (Service LevelAgreements) posso dizer que são ESSENCIAIS nesse regime de prestação de serviços para definir e estabelecer métricas claras, bem como as expectativas para os níveis de serviço entre a empresa que adquire os serviços da Nuvem (cliente) e o fornecedor de Serviços de Nuvem (provedor). Como já disse, pela razão da prestação de serviços em TI na Nuvem ainda ser uma tecnologia emergente, os fornecedores têm desenvolvido os seus próprios modelos de Contratos e SLAs, para a garantia dos interesses do fornecedor, e quanto à empresa?

Embora ninguém queira ter problemas e recorrer ao contrato para resolvê-los, apenas os dispositivos contratuais garantirão a devida resolução de problemas em caso de disputas judiciais frente a lucros cessantes, danos materiais e morais sofridos pela empresa e decorrentes da precariedade na prestação de serviços do fornecedor da Nuvem.

Considerando os tipos de serviços e recursos da Nuvem sejam em IAAS, PAAS, SAAS, etc. com implantação privada, pública, comunitária ou híbrida, o SLA para ser eficaz deve sempre refletir o entendimento e os cenários de implantação previstos na relação cliente e provedor. Em caso de alterações significativas nesse cenário, os contratos e SLAs também devem ser revistos.

Como em qualquer contrato de Tecnologia da Informação, não é preciso dizer que considerações sobre o desempenho do serviço, tempos de resposta, disponibilidade, taxas de transação, velocidades de processamento, controles de segurança e privacidade dos dados são elementos BÁSICOS a considerar, especialmente quando o usuário do serviço é externo à empresa, ou seja, o cliente final da empresa, por exemplo, um cliente do e-commerce da empresa.

Outro item importante é a existência de cláusulas para o monitoramento da saúde geral dos serviços prestados pelo provedor, sem esse controle, a gestão e acompanhamento dos riscos, ações corretivas e multas pelo descumprimento ficam impraticáveis, então abaixo são comentadas algumas diretrizes para a elaboração de cláusulas contratuais importantes, relacionadas aos riscos levantados no item anterior, para contratos de prestação de serviço na Nuvem:

- **Acesso aos Dados:** Definições do provedor de serviços da Nuvem sobre práticas de contratação, rotação de indivíduos e os procedimentos de controle de acesso. Para defini-las é importante perguntar, entender e definir o gerenciamento de dados e práticas de contratação do provedor de nuvem que for escolhido.

- **Conformidade Regulamentar:** Certificações e Auditorias periódicas executadas pelo provedor, empresa ou entidades externas para mitigar os riscos relacionados como avaliação de Hacker Ético, de conformidade com os padrões ABNT ISO/IEC 27002 (Segurança da Informação), PCI (Cartões de Pagamento), SAS 70/SSAE 16 (Certificação de Provedores) para citar alguns. Lembre-se de que a empresa é responsável por avaliar os riscos às suas informações, independentemente do provedor da Nuvem que utilize, portanto esse provedor deve ter normas e procedimentos alinhados aos da empresa para mitigar os riscos.

- **Distribuição geográfica dos dados:** Enquanto o provedor pode ser contratualmente obrigado a garantir a privacidade dos dados, pode haver legislação adicional dependendo do estado ou país onde os dados sejam fisicamente armazenados. Fique atento para que esta legislação local, por ser mais relevante juridicamente, não desqualifique as definições de segurança e privacidade estabelecidos no contrato de sua empresa com o provedor, portanto avalie os riscos do provedor e das legislações de acessos e proteção dos dados vigentes no país do provedor.

- **Perda de Dados e Recuperação de Desastres**: Definições de localidades para Armazenamento externo, Métricas de periodicidade de realização de Backups e procedimentos de recuperação de Backups de dados criptografados corrompidos, gestão de chaves de criptografia em casos emergenciais, etc. É importante saber como o seu fornecedor da Nuvem tem planos (e também se tem condições de realizar testes para provar isso) de recuperação de dados em um cenário de desastre e ,,o mais importante, quanto tempo isso vai demorar.

- **Aquisição do Fornecedor de Nuvem**: O contrato deve estipular as obrigações de ambas as partes, nesse caso para as opções como:

    1. Suporte técnico para mudança para uma outra localidade, cumprindo todos os controles de segurança previstos no Contrato/SLA, ou

    2. Rescisão Contratual com retorno ordenado e descarte seguro dos ativos de informação da empresa.

- **Disponibilidade de dados**: Para definir métricas de disponibilidade é importante compreender quanto tempo a empresa pode ficar sem a informação, aqui podemos usar o levantamento de Análise de Impacto ao Negócio (BIA), para nos auxiliar neste processo antes de tomar a decisão de colocá-lo na nuvem.

  Considerando o nosso exemplo da onlineshop.net.br como uma varejista on-line, seria inaceitável para seu cliente não poder fazer uma compra, pelo fato da aplicação web, que fica na Nuvem, estar indisponível.Imagine esse cenário em uma sazonalidade (dia das mães, natal, etc.), os prejuízos em vendas (mensuráveis) e de imagem (imensuráveis) para o negócio!

Fontes: Risk Management in Cloud Computing, Sri Prakash, CIO Magazine April 15, 2011
http://www.cio.com/article/679638/Risk_Management_in_Cloud_Computing
Cloud SLAs: What You Don't Know Can Hurt You, Wired.com, Dr. Angel Luis Diaz, 05.23.12
http://www.wired.com/insights/2012/05/cloud-slas/

Como Avaliar Riscos e Auditar os Serviços da Nuvem?

Nosso país vem conhecendo as vantagens e se familiarizando com ofertas em Computação em Nuvem, e para auxiliar na tomada de decisão pelo custo X benefício de riscos e controle, alguns marcos regulatórios e de boas práticas vem sendo desenvolvidos e/ou traduzidos para o português com a participação da Associação Cloud Security Alliance Capítulo Brasil *https://chapters.cloudsecurityalliance.org/brazil/*:

- Projeto STAR ("Security, Trust&Assurance Registry"), que pretende auxiliar os usuários a avaliarem a segurança dos provedores de Nuvem através de relatórios de autoavaliação;

- Matriz de Controles para Computação em Nuvem - CloudControls Matrix.

  Além disso, a ISO/IEC está trabalhando em algumas regulamentações específicas, que ainda estão em discussão e em estágio de rascunhos "working drafts", mas já possuem nome:

- ISO/IEC 27017 – Boas práticas de controles de segurança da informação para o uso de serviços de computação em nuvem baseados na ABNT ISO/IEC 27002;

- ISO/IEC 27018 – Código de prática para controles de proteção de dados para serviços de computação em nuvem.

  Falando em legislação local aplicável em nosso país, dependemos do ponto de vista da relação e modelo de negócio/cliente, por exemplo:

- Negócios Entre Empresas - B2B (*Business to Business*) – Código Civil – Artigo 927: "Aquele que por ato ilícito (art. 186 e 187), causar dano a outrem, fica obrigado a repará-lo";

- Cliente e Empresa de Prestação de Serviços – B2C (*Business toConsumer*) – Código de Defesa do Consumidor Artigo 14 - "O fornecedor de serviços responde, independentemente da existência de culpa, pela reparação dos danos causados aos consumidores por defeitos relativos à prestação dos serviços, bem como por informações insuficientes ou inadequadas sobre sua fruição e riscos."

Fonte: Aspectos jurídicos da Computação em Nuvem – CNASI –SP 2012

Anchises de Paula, André Serralheiro e Walter Capanema

http://anchisesbr.blogspot.com.br/2012/10/seguranca-aspectos-juridicos-da.html

Existem boas referências no capítulo Brasil (em português!) da Cloud Security Alliance, essa Associação tem como objetivo promover a utilização das melhores práticas para a garantia de segurança dentro da computação em nuvem, e oferecer educação atualizada sobre o tema em https://chapters.cloudsecurityalliance.org/brazil/

Lá encontramos vários documentos, fóruns e a versão mais atualizada da Matriz de Controles do CSA ou *CloudControls Matrix* com âmbito de aplicação alinhado às melhores práticas de Controles e TI internacionais como:

- ISACA - COBIT– Governança e Controles de TI
- HIPAA / HITECH Act – Lei de Privacidade dos Dados Informações Saúde (EUA)
- ISO/IEC 27001-2005 – Normas de Segurança da Informação ABNT/ ISO 27000
- NIST: SP800-53 – Padrões de TI do Governo dos Estados Unidos
- FedRAMP - Security Controls
- PCI DSS– Indústria de Cartões de Pagamento
- BITS – Boas Práticas de TI em Instituições Financeiras
- GAPP - GenerallyAcceptedPrivacyPrinciples – AICPA (Instituto Americano de Contadores Públicos Certificados - EUA)
- JerichoForum – Mandamentos em Cybersecurity
- NERC CIP – Plano de Proteção para Infraestrutura Crítica

Capítulo 4

Gestão de Níveis de Serviços

a. Gestão de Níveis de Serviços

b. Acordos de Níveis de Serviços (SLA)

c. Cláusulas contratuais mais importantes

d. Estudo de Caso

Gestão de Níveis de Serviços (SLM - definição ITIL)

Práticas que têm objetivo de alinhar processos de TI, negócios e os clientes da informação, permitem um maior controle dos processos operacionais de TI através da SLM – Gestão de Nível de Serviço.

Missão

Planejar, coordenar, negociar, reportar e gerenciar a qualidade dos serviços de TI a custo viável aos negócios.

Objetivos

- O objetivo principal da Gestão de Nível de Serviços (SLM) é garantir a qualidade dos serviços a custo viável ao negócio/cliente, além da manutenção e evolução da qualidade dos serviços através dos ciclos de contratação, monitoração e acompanhamento.
- Gestor dedicado ao atendimento dos Níveis de Serviços
- Gestão holística (importância do todo e a interdependência das partes) dos serviços de TI versus "ilhas" independentes de processos de TI.
- Catálogo de Serviços de TI.
- Acordos de Nível de Serviço para Clientes dos serviços de TI.
- Acordos de Nível Operacional - OLA como premissas a contratos com fornecedores de TI.
- Reportes da qualidade dos serviços de TI em periodicidade regular.
- Ações proativas para buscar melhoria dos serviços.
- Meios que permitam ações proativas (antes do problema) para erradicar níveis de serviços inaceitáveis.

Acordos de Níveis de Serviços (SLA)

É geralmente considerado boa prática estabelecer Acordos (Contratos) de Nível de Serviço com todos os fornecedores chave da organização.

Cada acordo deve ser formalizado para refletir cuidadosamente a abrangência de serviços e o desempenho do fornecedor. No mínimo deve conter os seguintes itens:

- Duração do acordo/ contrato
- Escopo da cobertura dos serviços
- Abrangência dos serviços fornecidos que são cobertos pelo SLA
- Disponibilidade dos Serviços
- Tempos de Resposta
- As prioridades quando múltiplos incidentes têm de ser atendidos pelo fornecedor.
- Escalonamento dos incidentes quando uma falha não pode ser ajustada dentro dos tempos de resposta predeterminados
- Os registros de incidentes, atendimento e desempenho
- Avaliação de desempenho e satisfação do usuário
- Obrigações do Cliente e Fornecedor
- Cláusulas prevendo a interrupção definitiva das atividades do fornecedor por inadequação dos serviços, força maior, etc.

Cláusulas contratuais mais importantes

- Cláusula de disponibilidade de atendimento (24 X 7, datas críticas,...)
- Limitação de responsabilidade da contratada
- Confidencialidade das Informações transacionadas
- Cláusula de Auditoria às instalações da contratada
- Atendimento às políticas e normas de segurança da informação da contratante
- Abertura de código fonte de pacotes do sistema em caso de falência das operações da empresa

- Relatório com periodicidade (semanal, mensal) qualificando os serviços e taxa de cumprimento dos níveis de serviços
- Multas/ Compensações por não atendimento dos serviços prestados

Exercício VI - Estudo de caso SLA

A www.Onlineshop.net.br precisa substituir o fornecedor de hospedagem de servidores internet, para manter uma página institucional da Internet.

- Comparar os SLAs de 3 fornecedores – ANEXO 2 deste livro - de hospedagem de servidores quanto ao atendimento de itens básicos de SLA, conforme tabela abaixo.

Item Básico SLA	Fornecedor 01	Fornecedor 02	Fornecedor 03
Duração do acordo / contrato			
Abrangência dos serviços fornecidos que são cobertos pelo SLA			
Disponibilidade dos Serviços			
Tempos de Resposta			
As prioridades quando múltiplos incidentes tem de ser atendidos pelo fornecedor			
Escolonamento dos incidentes quando uma falha não pode ser ajustada dentro dos tempos de resposta pré-determinados			
Obrigações do Cliente e Fornecedor			
Cláusulas prevendo a interrupção definitiva das atividades do fornecedor por inadequação dos serviços força maior, etc.			

Capítulo 5

Segurança dos Ativos de Informação

a. Gestão da Segurança

b. Políticas, Padrões e Procedimentos

c. Controles de Acesso Lógico

d. OWASP – Boas Práticas de Segurança para Desenvolvimento Web

e. Segurança do Perímetro de Rede

f. Segurança Ambiental e Controles

g. Controles de Acesso Físico

h. Consumerização e Uso de Equipamentos Pessoais (BYOD - Bring Your Own Device)

Gestão da Segurança

Objetivos da Segurança para suporte ao negócio:

- Integridade
- Confidencialidade
- Disponibilidade
- Aderência a Leis, Normativos de Regulação de Mercado, etc.

Principais elementos na Gestão da Segurança:

- Comprometimento e apoio da Alta Administração
- Políticas e procedimentos
- Treinamento e Conscientização em Segurança
- Tratamento de incidentes de Segurança

Responsáveis pela Gestão da Segurança:

- Gestores Executivos
- Gestores da Informação
- Usuários
- Especialistas / Consultores em Segurança
- Desenvolvedores
- Auditores de Sistemas
- Parceiros de Negócios, Investidores, Clientes

Principais Ameaças:

- **Hackers:** desenvolvem métodos de invasão por vários tipos de motivações éticas ou não: profissional (ético), financeira, moral, diversão, etc.

- **Script Kiddies:** baixam programas da Internet para invadir por diversão
- **Crackers:** intenção de invadir para propagar vandalismo/ destruição
- Funcionários (autorizados ou não, detêm conhecimentos detalhados sobre o ambiente de TI: endereços IP, topologias, senhas, etc.)
  - Pessoal de TI
  - Usuários Finais
- Ex-Funcionários
- Externos com informações privilegiadas
- Terceiros e Funcionários Temporários

Políticas, Padrões e Procedimentos

Objetivo das Políticas, Normas e Procedimentos Internos

Conforme a definição da ISO 27001 – Tecnologia da Informação- Código da prática para gestão da segurança da informação, baseada na norma inglesa - British Standard BS7799 segue o objetivo de uma Política de Segurança, descrito no item 3.1:

"**Objetivo:** Prover a direção de uma orientação e de apoio para a segurança da informação.

Convém que a direção estabeleça uma política clara e demonstre apoio e comprometimento com a segurança da informação através da emissão e manutenção de uma política de segurança da informação para toda a organização."

Com base nisso, podemos entender que a tarefa de desenvolver e manter a política ganha um grau maior de importância de quanto necessitamos ter em mente as seguintes respostas, como:

- Aonde realmente queremos chegar como empresa?

- Qual o nosso principal alvo para sermos competitivos, atrairmos mais clientes e consequentemente gerarmos maior lucro?

- Quais informações são realmente importantes para a empresa?

- Quem, como e onde está se gerenciando esta informação?

Sem esta consciência e alinhamento com a Alta Administração, certamente qualquer trabalho desta natureza gerará um monte de papel ou arquivos eletrônicos inúteis, que erroneamente muitos chamam de políticas, normas (padrões) ou procedimentos, mas que não refletem as reais necessidades estratégicas da empresa, quando a Alta Administração não realiza estudos periódicos quanto aos:

- Riscos a que pode estar exposta, ou seja, a eventualidade de um ataque de hackers pela internet, roubo de informação, incidência de fraudes, não atendimento a requisitos legais e fiscais, etc.

- Impactos estimados em R$ que a empresa sofrerá frente a estes riscos como parada de operação, perda de credibilidade dos clientes, queda nas vendas, informações disponíveis aos concorrentes de mercado, perda de informações, sanções e multas, etc.

Para a definição, aprovação e comunicação corporativa de um plano estratégico de segurança da informação, que defina prioridades de Curto, Médio e Longo Prazo; plano este atualizado e revisado periodicamente às mudanças das estratégias (ex: novos mercados, produtos, serviços, reengenharia da empresa, dos processos de negócio e dos sistemas de informação); não existem planos de implementação de controles, políticas e conscientização ao pessoal que possui acesso, manipula e gerencia as informações;

Alianças estratégicas (se houverem) para o desenvolvimento de sistemas e gerenciamento da Infraestrutura, não são formalizadas por meio de Contratos e Acordos de Nível de Serviço (Service Level Agreements – SLA);

A empresa não se compara a seus competidores (benchmark) periodicamente para se autoavaliar quanto ao sucesso de suas iniciativas estratégicas em Segurança da Informação.

Gestão de Acesso Lógico

Proteção de acesso aos recursos de informação a fim de reduzir o risco a níveis aceitáveis.

Ataques Lógicos:

- Cavalos de Troia ou backdoors (porta dos fundos) – programa "malicioso" roda em portas altas do equipamento ou servidor, não sendo percebido inicialmente por algum equipamento de proteção de redes como IDS (Intrusion Detection System).
- Phising Scam - "pescaria de informações" do usuário ex: link falso de banco pedindo senha do Internet Banking para recadastramento.
- Técnicas Salame - pequenos arredondamentos de sistema ex: R$ 0,01 levam a um "grande salame" de informações no final
- Vírus /Worms – o bom, e velho antivírus (atualizado é claro!) ainda é muito importante.
- Vazamento de dados/Quebra Confidencialidade
- War driving – vasculhar redes WiFi (Wireless Fidelity - Sem Fio) desprotegidas a procura de dados interessantes para pessoa mal-intencionada
- Negação de Serviço DoS (Denial of Service), ataque para "derrubar" servidores, redes, switches, firewalls, etc. e obter acesso.
- Bombas Lógicas – numa determinada data "dispara" diversos vírus no equipamento infectado.

Funcionalidades de Software de Acesso Lógico

As funcionalidades principais de controle de acesso para sistemas operacionais são:

- Mecanismos de identificação e autenticação de usuários

- Restrição de logon (de acesso ao sistema operacional) a horários/ dias predeterminados.
- Segregação de acesso para recursos de informação especificados
- Geração de Trilhas de Auditoria (eventos e atividades usuários)
- Criação/ Modificação de Perfis de Usuário
- Geração de Relatórios

O controle de acesso, na segurança da informação, é composto dos processos de autenticação, autorização e trilhas de auditoria/logs (accounting). Pode ser entendido como a habilidade de permitir ou negar a utilização de um ativo de informação (uma entidade passiva, como um sistema ou arquivo) por um sujeito (uma entidade ativa, como um indivíduo ou um processo).

- **Autenticação:** identifica quem acessa o sistema,
- **Autorização:** determina o que um usuário autenticado pode fazer e
- **Trilhas de Auditoria:** diz o que o usuário fez.

Perfis de Usuário

- Conjunto de dados pessoais associados a um determinado usuário de sistema.
- Faz referência explícita à representação digital da identidade de uma pessoa.
- Esta informação pode ser explorada por sistemas, tendo em conta a necessidade de utilização dos sistemas pelas pessoas, bem como suas características e preferências.
- Perfis de usuário são encontrados em sistemas operacionais, sistemas e sites de internet.

Grupos de Acesso

Agrupamento de perfis de usuário conforme as regras de segregação de funções (cada um deve ter acesso conforme a necessidade de suas atividades diárias), exemplo:

- **Grupo:** Recursos Humanos Gestor
- **Perfis:** Aprovar Folha de Pagamento e Autorizar Pagamento de Processos Jurídicos

Segregação de Funções/Papéis e Responsabilidades

Consiste na separação de responsabilidades no intuito de:

- Reduzir fraudes
- Prevenir erros
- Proporcionar maior controle entre Feito e Conferido (Faz/Confere)

Exemplos:

- Caixa não deve ser responsável pelo depósito do dinheiro na conta do Estabelecimento
- Digitador de dados não deve ser o responsável pela revisão dos dados
- Vendedor não deve ser responsável pelo faturamento dos pedidos vendidos

A área de negócio e o gestor da informação devem definir qual a melhor relação de papéis e responsabilidades, ou seja, quem faz o que no processo a fim de possibilitar os desenhos de perfis de acesso e a manutenção da segurança de acesso aos dados.

Arquivos acesso Windows (Active Directory e Host Local) Interface gráfica para criação de usuário e associar grupos

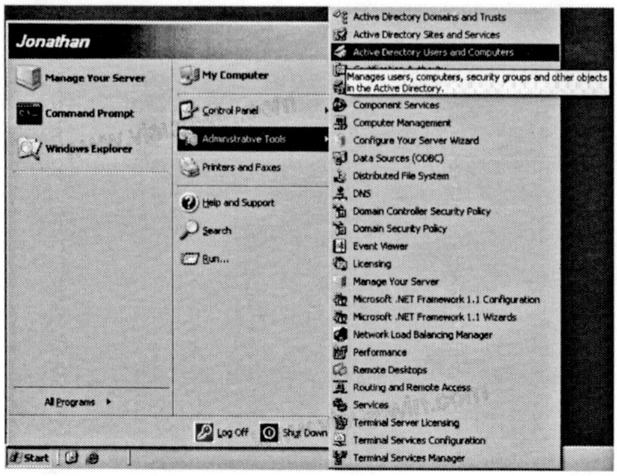

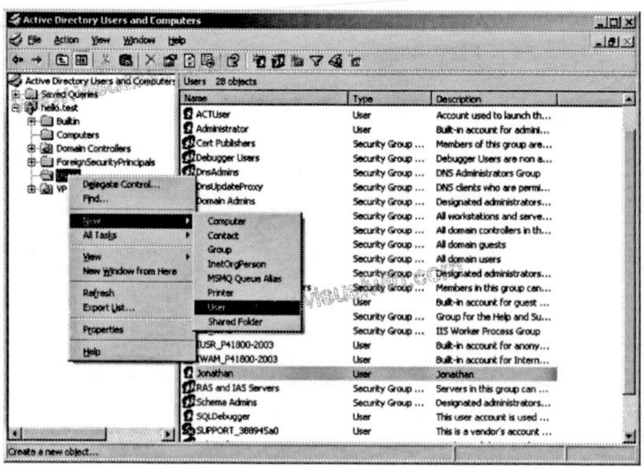

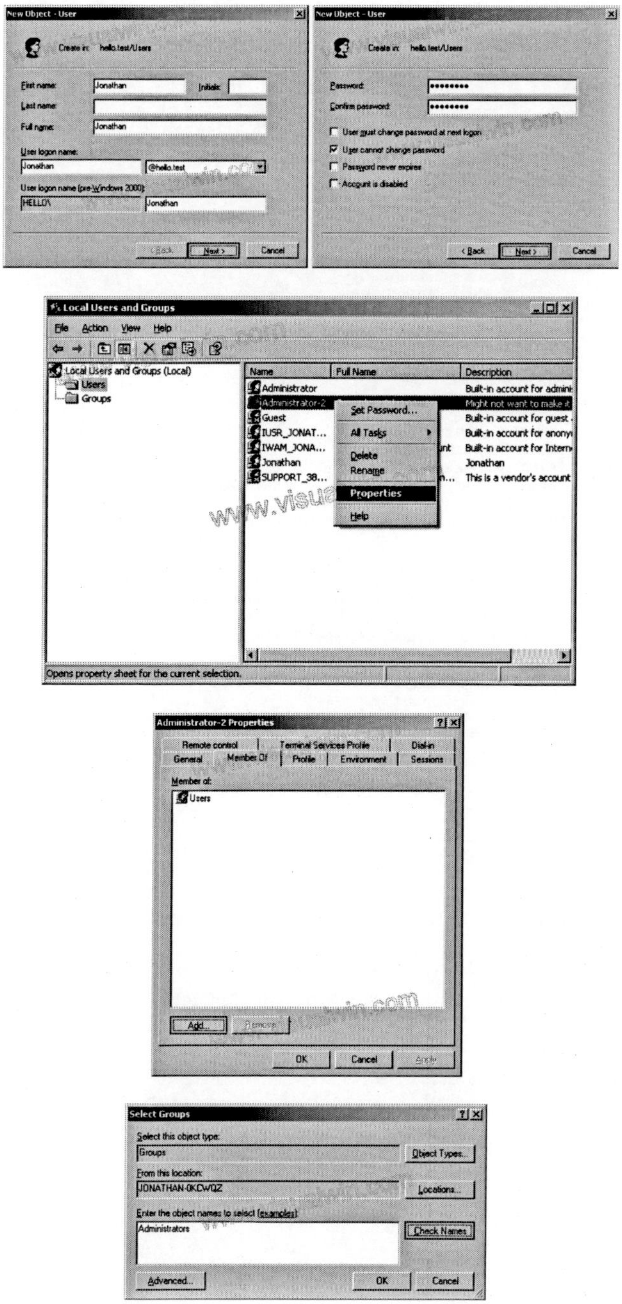

Figura 38. Criação de usuário no Active Directory

Arquivo /etc/passwd e /etc/group do Unix/Linux

Tradicionalmente, o arquivo /etc/passwd é utilizado para manter o controle de todos os usuários registrados que tenham acesso ao sistema operacional

O /etc/passwd é um arquivo separado por dois pontos (:) que contém as seguintes informações:

Nome do usuário
Senha criptografada
UID (User ID number)
GID (Group ID Number) do usuário
Nome completo do usuário
Diretório inicial do usuário
Shell do login

A seguir, um exemplo de arquivo /etc/passwd:

```
root:!:0:0::/:/usr/bin/ksh
daemon:!:1:1::/etc:
sys:!:3:3::/usr/sys:
adm:!:4:4::/var/adm:
uucp:!:5:5::/usr/lib/uucp:
guest:!:100:100::/home/guest:
nuucp:*:6:5:uucploginuser:/var/spool/uucppublic:/usr/sbin/uucp/uucico
paulo:!:201:1::/home/paulo:/usr/bin/ksh
jbobo:*:202:1:Joao Bobo:/home/jbobo:/usr/bin/ksh
```

O /etc/group determina os grupos de acesso do sistema operacional, também é um arquivo separado por dois pontos (:) que contém as seguintes informações:

Nome do grupo
Senha (não utilizado)
GID descreve o ID do grupo
Usuarios associados ao grupo User1,User2,...,Usern

exemplo de arquivo /etc/group:

```
staff_departamento:!:1:paulo, jbobo
uucp:!:5:uucp; nuucp
```

Figura 39. Estrutura de arquivo usuário e grupos no Unix/Linux

O arquivo Passwd do Unix/Linux não armazena senhas criptografadas, a senha arquivada em /etc/passwd é utilizada para indicar se existe uma senha ou se a conta está bloqueada.

Se um ID de usuário tiver uma senha, o campo de senha terá um ! (ponto de exclamação). Se o ID de usuário não tiver uma senha, o campo de senha terá um * (asterisco). As senhas criptografadas são armazenadas no arquivo /etc/security/passwd.

Identificação e Autenticação

- Políticas para IDs de Usuário e Senhas
  - Padrões existência e prazo
  - Regras de Sintaxe
- Dispositivos adicionais como Token, Senhas de única utilização
- Biometria

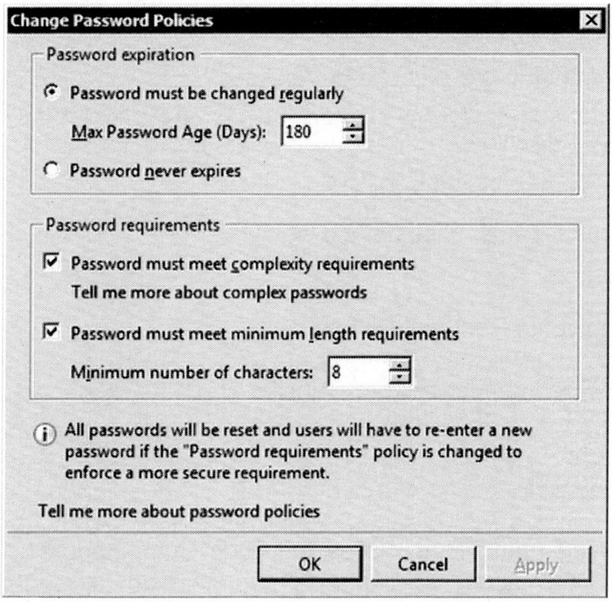

Figura 40. Configuração de política de senhas de usuário no Active Directory

Exercício VII - Estudo de Caso 1: Auditoria de Acessos

Para realizar este exercício é necessário baixar o Exercicio-VII-Perfis.mdb (formato MS-Access 97-2003) do link: http://www.Onlineshop.net.br/ Exercicios/Exercicio--VII-Perfis.zip

1. Verificar se as regras de segregação de funções conforme definido nos Papéis e responsabilidades dos Perfis estão implantadas.

Lista Perfis

Perfil	Area	Cargo	Localidade
Formalizar Proposta Venda	Vendas	Vendedor	Filial
Conceder Desconto Venda	Vendas	Gerente Filial	Filial
Inserir Lançamento Contábil Filial	Contabilidade	Gerente Filial	Filial
Entrar Item Estoque Filial	Logística	Gerente Filial	Filial
Relatório de Vendas Filial	Vendas	Gerente Filial	Filial
Inserir Lancamento Contabil Matriz	Contabilidade	Auxiliar Contabil	Matriz
Fechar Contabilidade	Contabilidade	Gerente Contabil	Matriz
Conciliar Estoque Filiais	Logística	Gerente Logística	Matriz
Inserir Conta a Pagar	Contas a Pagar	Auxiliar Contas a Pagar	Matriz
Inserir Conta a Receber	Contas a Receber	Auxiliar Contas a Receber	Matriz
Aprovar Contas a Pagar/Receber	Contas a Pagar/Receber	Gerente Contas a Pagar/Receber	Matriz
Fechar Folha de Pagamento	RH	Gerente RH	Matriz
Gerar Relatórios Contábeis	Contabilidade	Gerente Contabil	Matriz
Renegociar Dívida de Cliente	Recuperação de Crédito	Auxiliar Recuperação Crédito	Matriz

2. Existem demitidos na base de Acessos?

3. Verificar arquivos:

   - Acessos ao Sistema ERP
   - Perfis e Transações de Acesso
   - Filiais
   - Arquivo de Recursos Humanos

4. Emitir Recomendações para Ajustes

Engenharia Social

Ameaça humana (não TI) contra as redes de Computadores, consiste na obtenção de informações privilegiadas por meio de falsidade ideológica, busca por senhas em lixos (dumpster diving), manuais de sistema, post-its, cadernos/agendas.

A melhor forma de defesa, é um programa contínuo de conscientização em segurança, bem como os riscos envolvidos nos ataques.

OWASP – Boas Práticas de Segurança para Desenvolvimento Web

A Open Web Application Security Project (OWASP) https://www.owasp.org é uma associação sem fins lucrativos que têm a participação de consultorias e empresas de peso no mercado Internacional de TI, com foco na melhoria contínua da segurança do software desenvolvido na web.

Com referências e boas práticas na codificação de sistemas para diversas linguagens e plataformas de desenvolvimento web a missão da OWASP é divulgar os preceitos e boas práticas de segurança para que indivíduos e organizações possam tomar decisões adequadas em codificação segura e mitigar riscos de segurança da informação.

Em 2012 essa associação já possuía mais de 30.000 assinantes, 140 projetos relacionados a plataformas e linguagens e 190 capítulos locais.

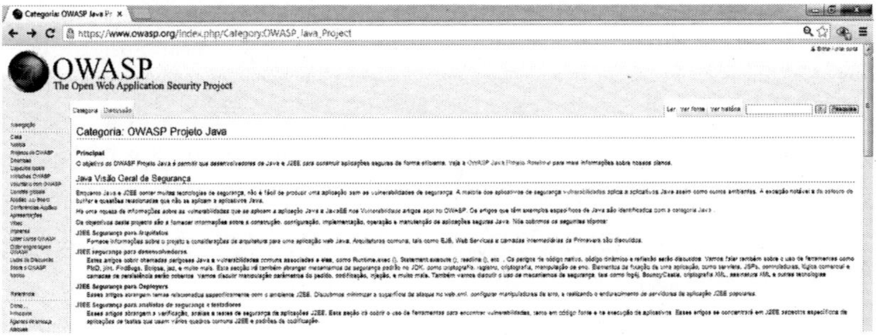

Figura 41. Projeto de Boas Práticas de Segurança OWASP para Java

Segurança do Perímetro de Rede

Ameaças da Internet

- Ataques Passivos
  - Análise de Portas de Rede (Port Scanning) em busca de serviços de rede desprotegidos/vulnerabilidades.

- ▫ Análise de Tráfego de Pacotes (Sniffing), para identificar se senhas trafegam em texto em claro (cleartext), ou se estão criptografadas para submeter a software de força bruta.
- ▫ Eavesdropping (leitura não autorizada de pacotes), uma vez que a rede opera em barramento (ethernet), todos os hosts recebem pacotes em tráfego pela rede.

- Ataques Ativos
    - ▫ Ataque de Força Bruta (tentativa de quebra de senhas criptografadas), por meio de diversos algoritmos (programas) disponíveis largamente na internet.
    - ▫ Masquerading/ Mascaramento (simulação de IP/ MAC Address), programas para disfarçar o IP ou MAC, e impossibilitar a identificação do HACKER.
    - ▫ Modificação de Pacotes de Rede.
    - ▫ Acesso não autorizado ao servidor Web/ Escalonamento de Privilégios, através da exploração das vulnerabilidades identificadas.
    - ▫ Acesso a demais servidores rede corporativa.
    - ▫ Negação de Serviço, ou seja, a derrubada do serviço ou mesmo o servidor.
    - ▫ Spam, aquele monte de emails indesejáveis que pode derrubar o MailServer (Servidor de Correio Eletrônico) .

Cenário de Ameaça

- Grande disponibilidade de técnicas e ferramentas na internet
- Falta de Conscientização em Segurança da Informação pelas pessoas em geral (desde o "cadeadinho no browser", programinhas "bonitinhos", passar informação privilegiada em grupos de discussão na internet...)
- Segurança inadequada aplicada ao Firewall (Ele deve ser configurado! Não apenas instalado...)

O Firewall

Figura 42 Conceito Firewall

- **Tipos**
  - Filtro por pacotes de serviços permitidos
  - Filtro por conexão permitida (Stateful)
- **Implantações**
  - Balanceamento de Carga para melhor desempenho e disponibilidade
  - Definição Multi Camada (Multi-Tier) - vide figura a seguir - Segregação Lógica entre:
    - Zona Desmilitarizada (DMZ),
    - Camada de Aplicação,
    - Camada de Banco de Dados,
    - Backbone Interno.
  - Aplicações Físicas (Equipamento HW)/ Lógicas (SW)
  - Screened-host firewall, combinação de filtro de pacotes com gateway de aplicativos, ou seja, ele filtra protocolos perigosos para não atingir o gateway de aplicativos e sistemas.

- **Problemas**
  - Falsa sensação de Segurança
  - Má configuração/ Políticas mal definidas

Sistema de Detecção de Intrusos (IDS)

Atua junto aos roteadores e Firewall para monitoração de anomalias de utilização na rede:

- Alarmes de detecção – Tunning
- Tráfego Anormal (entre IPs, volume de pacotes)
- Obtenção de Evidências de Atividade Intrusiva
- Resposta automática a ataques
- Console de Administração
- Gestão de Políticas de Segurança

Arquitetura de Rede – Multi-Tier (Multi-Camada)

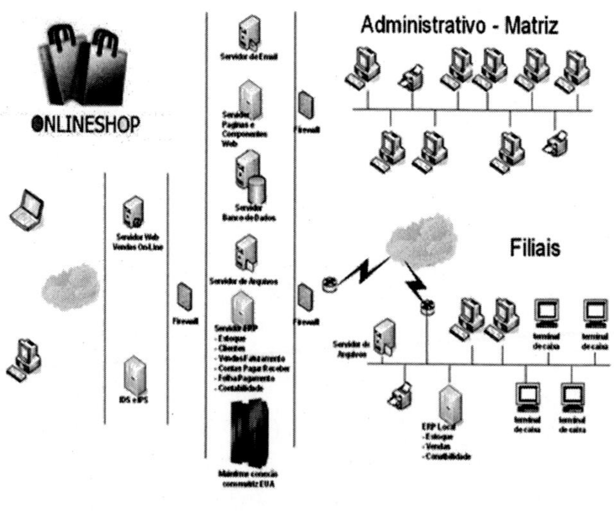

Figura 43 Conceito Multicamada

WI-FI – Wireless Fidelity – Redes Sem Fio

Premissas para larga implantação:

- Melhora processos de negócio
- Conexão rápida e fácil

Alto risco desconhecido por empresas e usuários:

- Utilização não autorizada do serviço ("gatos sem fio"),
- Quebra do Algoritmo de Criptografia,
- Alteração do frame (layout) do pacote (dados e informações do host solicitante),
- IP Spoofing (fazer passar-se por outro host) e sequestro de sessão,
- Alteração de rota de tráfego
- Negação de Serviço.

Tecnologias estão no mercado para a prevenção destes riscos, porém deve-se dar especial importância ao desenho da rede e políticas/regras de acesso.

Figura 44. Access Point (propagador de sinal WI-FI)

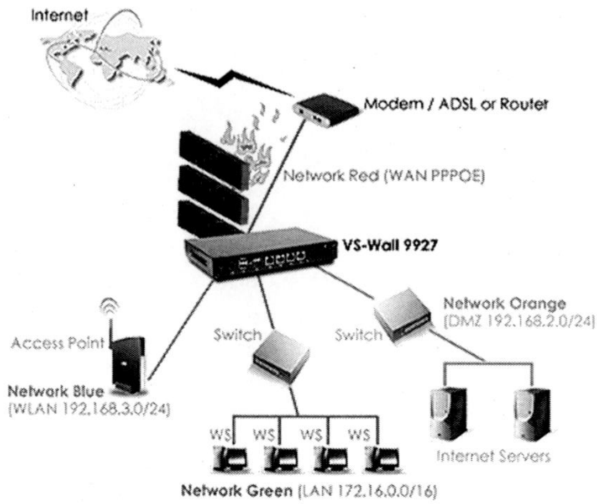

Figura 45. Boa Prática de Desenho de Rede WI-FI (rede sem fio segmentada sob um Firewall em relação à rede corporativa)

Criptografia

- Algoritmo de Criptografia (Simétrico: uma chave ou Assimétrico: chave pública e chave privada)
- Chave de Criptografia (ex: algoritmos RSA, MD5, etc.)
- Tamanho de Chave (Quanto *maior a* Chave *maior a* Segurança, entretanto *menor o* Desempenho, ou seja, *o* Custo *versus* Benefício deve ser *muito bem* analisado!)
- Assinaturas Digitais de Alice ou Bob quando envia a mensagem criptografada, pois esta depende de sua chave pessoal e intransferível.

Figura 46. Esquema simples de criptografia assimétrica entre Bob e Alice

PKI – Infra de Chaves Públicas – Entidades para emissão e distribuição das chaves criptográficas (CA- Autoridade Certificadora, RA – Autoridade de Registro)

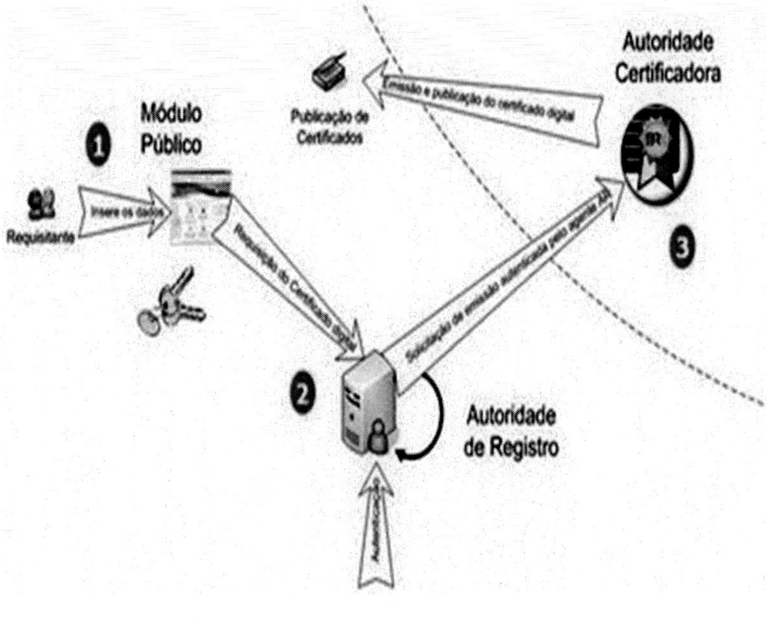

Figura 47. Esquema Básico de uma PKI

Como Auditar a Segurança do Perímetro de Rede?

- Realizar Testes Periódicos de Intrusão (Interno e Externo) a Redes – Hacker Ético;
- Analisar processos de tratamento de vulnerabilidades identificadas tanto preventivo (ex: patch management – gestão de patches de segurança), como corretivo/detectivo (ex: pós-análise de hacker ético), prazos e responsabilidades;
- Revisão completa arquitetura/topologia e serviços da Rede;
- Verificar processo de gestão de mudanças aos dispositivos de rede, regras de firewall, tunning (controle de falsos positivos e falsos negativos) e atualizações de alarmes do IDS;
- Identificar mudanças não autorizadas e analisar as causas (exceção, regra, etc.).

Consumerização e Uso de Equipamentos Pessoais (BYOD - Bring Your Own Device)

Figura 48. Consumerização de TI (BYOD)

A queda dos impostos e custos de produção dos equipamentos de tecnologia em nosso país levou à Consumerização de TI ou Uso de Equipamentos Pessoais nas empresas ou BYOD (*BringYourOwnDevice*), ou seja, dispositivos móveis como smartphones e tablets com aplicativos diversos para automatização de tarefas de escritório, acesso a bancos, aquisição de produtos e serviços com versões exclusivas para esses dispositivos.

As pessoas preferem usar seus dispositivos pessoais ao invés dos oferecidos pelas empresas, pelo fato dos dispositivos pessoais permitirem maior nível de personalização, instalação de novos aplicativos e ferramentas para aumento da eficiência, ao mesmo tempo que permitem utilizar as configurações das redes sociais de seus próprios dispositivos.

Como ficam as questões de segurança e privacidade relacionadas à confidencialidade e privacidade das informações na transferência, manipulação e armazenamento das informações da empresa e dos clientes?

Esses dispositivos permitem a instalação de aplicativos não homologados pelo fabricante, e podem conter software malicioso (malware), como vírus, software espião, etc. e considerando o grande potencial destes novos equipamentos como localização em tempo real (via GPS), câmeras e microfones de alta fidelidade, o estrago pode ser ainda maior!

Algumas empresas veem com vantagem o custo de não oferecerem suporte técnico para esses equipamentos, mas essa visão é equivocada, pois a empresa com essa atitude deixa de ter o controle das atividades realizadas nos dispositivos e também a possibilidade de rastrear atos não condizentes com as funções do colaborador na empresa.

Engana-se quem acredita que sejam diferentes os controles de segurança necessários para o gerenciamento desses riscos, pois a maioria já se encaixa nos cuidados que já temos com dispositivos móveis corporativos:

- **Somente dispositivos pessoais homologados previamente pela área de TI da empresa** podem ser autorizados e configurados a acessar a rede corporativa, existem soluções que autorizam os equipamentos por chave criptográfica ou via endereço MAC (endereço da placa de rede) essas soluções são denominadas Controle de Acesso via Rede ou NAC *(Network Access Control)*;

- **Utilização de senhas e fatores adicionais de autenticação/autorização** (tokens, etc.) lembrando que se trata de dispositivo pessoal do colaborador;

- **Criptografia deve ser obrigatória na transmissão de dados e armazenamento de dados no dispositivo**: Trata-se de única maneira de impedir o acesso não autorizado aos dados pela rede sem fio (WiFi) ou por perda/furto/roubo do dispositivo;

- **Habilitar o bloqueio por inatividade** após um período de tempo;

- **Incluir os equipamentos pessoais em políticas de prevenção de vazamento de dados da empresa:** Soluções automáticas de Prevenção à Vazamento de Dados ou DLP (*Data LeakagePrevention*) possibilitam automatizar as políticas e a tomada de ações automáticas (alertas, bloqueios e outras ações) com base na classificação das informações da empresa;

- **Impossibilidade de transferência de dados para o dispositivo pessoal:** acesso aos arquivos da empresadeve ser possível apenas de forma online, o armazenamento local ou em memória cache (memória de acesso rápido) não deve ser permitido;

- **Impressão de documentos deve ser bloqueada**: Esse controle tem o objetivo de evitar vazamento/roubo de informações, uma vez que além da impressão não ser monitorada, os dados da impressão poderiam ficar na memória de impressoras fora do perímetro da empresa, e serem interceptados;

- **Registro das atividades realizadas no dispositivo pessoal deve ser habilitado**. É importante o registro de atividades envolvendo acessos a informações sensíveis da empresa nestes dispositivos;

- **Em caso de desligamento, perda, furto ou roubo do dispositivo pessoal, deve existir a possibilidade de eliminação remota das informações**.

- **Política e Procedimentos de segurança** devem formalizar as obrigações do colaborador com a empresa na utilização de equipamentos pessoais, esses procedimentos devem ser de conhecimento do colaborador por "opt-in" ou assinatura para a homologação do equipamento pela empresa. Estes com a finalidade de suporte legal em caso de disputas judiciais.

Segurança Ambiental e Controles

Problemas e Exposições Ambientais

- Calor
- Fogo
- Umidade
- Enchentes
- Raios

Controles Ambientais

- Detectores de Água e Fumaça
- Sensores de Calor e Umidade
- Extintores de Incêndio

Figura 49. Tipos de Extintores de Incêndio

- Sistemas de extinção/ supressão de Incêndio – ex-sistema de gases InnerGen, CO2, etc.
- Laudo dos Bombeiros
- Paredes, pisos e tetos a prova de incêndio
- Protetores contra variações de energia
- Documentação e testes de Plano de Continuidade de Negócio
- Cabos adequadamente identificados em conduítes e painéis elétricos
- Geradores/ No Breaks (UPS)
- Planos de Evacuação testados e documentados
- Controle de Umidade e Temperatura
- Contingência de fornecimento elétrico – subestações de energia

Riscos e vulnerabilidades de Acesso Físico

- Entrada não autorizada
- Danos, vandalismo ou roubo de equipamentos e documentos
- Vazamento de cópias de documentos
- Alteração de dados ou equipamentos
- Divulgação pública de informações confidenciais
- Abuso de recursos de processamento de dados

Ameaças

- Greves
- Ex-funcionário se sentindo ameaçado por ação disciplinar ou dispensa
- Viciado em alguma substância ou em jogos de azar
- Passando por problemas emocionais ou financeiros
- Funcionário de Aviso-Prévio

Controles de Acesso Físico

- Travas eletrônicas nas portas
- Controle de Acesso Biométrico
- Logs eletrônicos de acesso
- Crachás com fotografia
- Circuito Interno de TV
- Vigias
- Acesso de visitantes controlado
- Portas Eclusa
- Sistema de Alarmes
- Carrinhos com tranca para transporte de relatórios e documentos
- Fragmentadoras de papel

Exercício VIII – Segurança Física

Marque Certo (c) ou Errado (e) para cada figura:

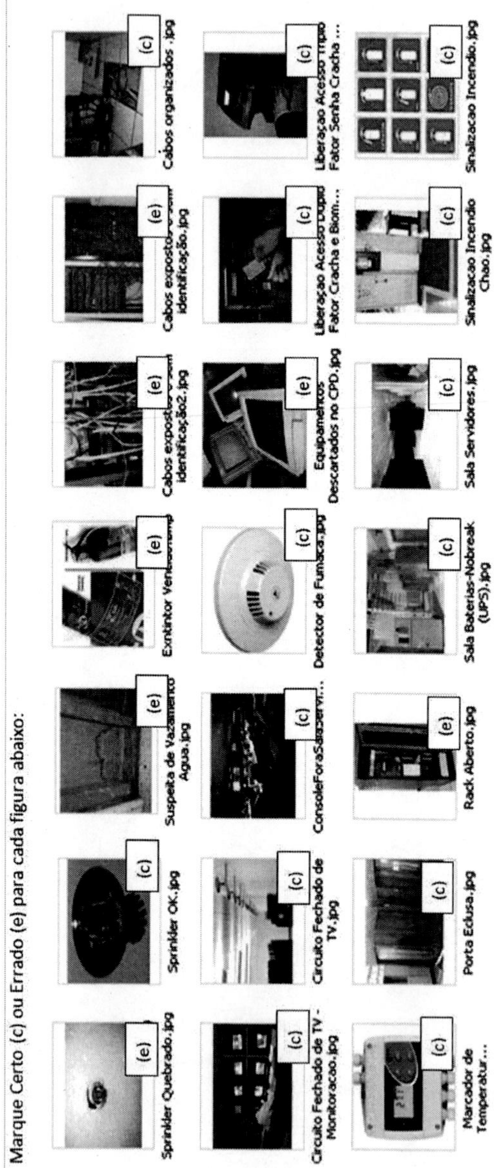

Figura 50. Exercício VIII

Capítulo 6

Continuidade de Negócio, Recuperação de Desastre & Plano de Contingência de TI

a. Plano de Recuperação de Desastres e BIA

b. Diferença entre continuidade e contingência de TI

c. Controles Gerais Contingência

d. Estudo de caso da empresa

e. Observações ao Relatório Final

Plano de Recuperação de Desastres e BIA - Business Impact Analysis

O mundo de negócios, cada vez mais competitivo, impede que as empresas grandes e emergentes fiquem indisponíveis para seus clientes, mesmo que tenham problemas com seus processos de negócios, recursos e/ou dados e informações.

Esse dinamismo de um mercado extremamente "selvagem" exige velocidade instantânea de processamento e de decisões, altíssima disponibilidade (inexistência de falhas), flexibilidade e foco em produtos de acordo com o mercado de atuação, mas caso não haja Segurança de Dados e Planos de Contingência adequados, dificilmente o mercado a perdoará, entretanto o que as grandes empresas de mercado fazem para se proteger disso?

Para entendermos as áreas mais sensíveis da empresa, cenários de risco (análise de risco), processos de negócio devem ser mapeados, inicialmente, respondendo a algumas perguntas básicas de uma BIA –- Análise de Impacto ao Negócio:

- Quais os ativos de informação envolvidos? Exemplos: mesa de operações, vendas, faturamento, contabilidade, cobrança, filiais, fornecimento de informações legais, etc.

- Quais as ameaças que podem afetar os processos que gerenciam esses ativos ? Exemplos: Enchente, Incêndio, Defeito de equipamento de TI, Fraude, Greve, Terrorismo, etc.

- Quais as perdas atreladas a cada ameaça ? Exemplos: Perda Financeira, Perda de Confiança nas Demonstrações Financeiras do Cliente, Multas e Sanções Legais, Perda de Imagem e Competitividade de Mercado.

- Quanto se perderá (por mês/dia/hora/minuto/segundo) com essa parada?

- Qual seria a ordem de importância/criticidade dos processos da minha empresa?

- O que devo fazer para garantir a continuidade/contingência desse processo nos âmbitos: Operacional e Tecnológico?

Continuidade de Negócio X Contingência de TI

O que é Continuidade de Negócio

- Para sabermos como agir na eventualidade de um desastre, procedimentos devem ser adotados para a padronização dos processos operacionais.

- Quando aplicação, instalações e edifícios não estão disponíveis, por meio da definição de plano para gerenciamento do pós-desastre operacional, como: comunicação aos responsáveis, utilização de processos manuais, ida a localização de contingência, gerenciamento da comunicação do desastre à imprensa, etc.

Como Auditar?

- Verificar documentação de ações de continuidade, localizadas e disponíveis em local seguro

- Verificar agenda de treinamento dos responsáveis pelas ações do plano

- Avaliar resultados de Testes periódicos para o teste da adequação do plano: O que deu errado? O que pode ser melhorado?

- Verificar a aprovação destas ações pela Alta Administração

O que é Contingência de TI

- O que causa a indisponibilidade e perda de dados? Entre outras causas, a perda de dados pode ser atribuída a erro humano ou de sistemas, condições ambientais adversas, falhas de servidores ou dispositivos de TI.

- Erro humano (intencional ou acidental), vírus, atualizações e erros de programas ou sistemas operacionais têm grande responsabilidade à alteração indevida, exclusão ou perda de arquivos.

- Causas físicas ou ambientais que podemos citar são: quedas ou alterações na corrente elétrica, aquecimento indevido de equipamento e cabos, descargas eletrostáticas, má disposição de cabos (a famosa "macarronada"), dispositivos e servidores, umidade, etc.

Como Auditar?

- Mapear cenários tecnológicos: Servidores, software, documentação, cabos, dispositivos de rede que suportem aplicações críticas de negócio.
- Identificar manuais de priorização e configuração deste parque em caso de desastre.
- Verificar duplicidade: processadores, conexões de rede e discos de armazenamento (espelhamento), utilização de sistemas tolerantes a falhas.
- Verificar processamento da informação simultaneamente em múltiplas localidades, ou seja, em site alternativo (Hot Back-Up).
- Verificar controles de identificação e recuperação automática de transações após falhas de sistema.
- Controles para a prevenção da transferência de informações entre o sistema crítico e outros que não possuam controles adequados de segurança.
- Geração de Back-Up de dados críticos com armazenamento externo (Cold Back-Up).
- Premissas de Contingência de Fornecimento de Energia e Fontes de Energia Alternativa (UPS), como no-breaks e geradores, instalados em escala de contingência entre si (ou seja, na sequência: Queda de Energia, No-break e Gerador).

Capítulo 7

Trabalhos de Suporte à Auditoria

a. Suporte a Outras Auditorias

b. Ferramentas de extração e análise de dados - CAATs

c. Bancos de Dados

d. Técnicas de Amostragem

e. Estudo de Caso: Risco Financeiro

f. Auditoria Contínua e Monitoramento Contínuo

Suporte a Outras Auditorias

- Facilidade: auditores de sistemas com bancos de dados e arquivos diversos, conhecimento dos desenvolvedores e sistemas;

- Trabalhos com tipos de dados, transformações, tabelas de conversão - "de-paras", utilização de CAATs (vou explicar a seguir), métodos de amostragem;

- Definição clara de objetivos e escopo de testes entre solicitante e executor;

- Entendimento do processo a ser auditado entre ambas as partes;

- Conclusões obtidas através dos dados para formatar opinião de processos auditados por outras auditorias: Financeira, Operacional, etc.

Técnicas de Auditoria Auxiliadas por Computador – CAATs/TAACs

CAATs (Computer Assisted Audit Techniques) são utilizados pelos Auditores para obtenção de informações a partir de bases de dados independentes:

- Software específico para auditoria (ACL, IDEA,...)

- Utilitários (SAS, BO, EASYTrieve, MS-ACCESS)

- Testes de controles através dos dados

- Modelos de análise (programas) para análise periódica de controles

Ferramentas de Extração de Bases (ACL, EASY, SAS, BO, ACCESS)

Conceito de banco de dados

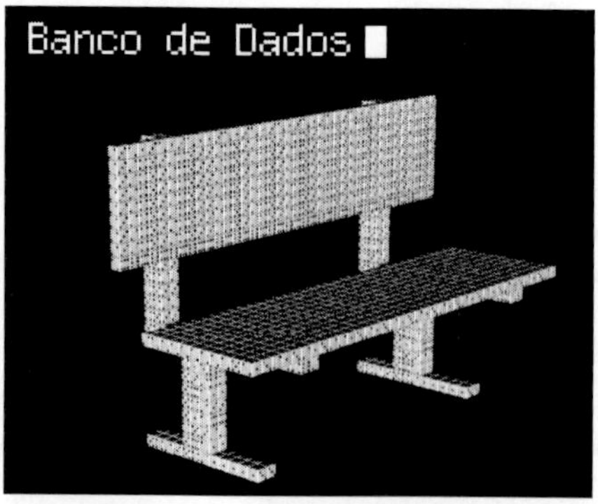

Figura 51. O que não considerar como banco de dados...

O que é um Banco de Dados?

Um banco de dados é simplesmente um conjunto de informações, onde os dados são organizados de forma lógica e estruturada. Por exemplo, um cadastro de estoque de filmes de uma locadora de DVD é um banco de dados.

Nele podemos cadastrar um novo filme, alterar algum existente ou excluir algum indesejado. Tempos atrás, quando a maioria das empresas ainda não era informatizada, todas essas funções eram feitas manualmente.

O que é uma Tabela?

- Tabela é um conjunto de dados sobre um tópico específico, como produtos ou fornecedores.
- Todas as informações do banco de dados são armazenadas em tabelas. Porém, antes de criá-las, devemos analisar algumas coisas para que posteriormente evitemos problemas. Temos que ter em mente o que realmente precisa ser feito, o que gostaríamos de cadastrar e qual a importância de se cadastrar.
- Cada tabela contém linhas chamadas de registros e colunas chamadas de campos.
- Um registro é um conjunto de fatos sobre uma determinada pessoa no cadastro como nome, endereço ou outro item de interesse.
- Um campo é um tipo único de fato que pode se aplicar a cada pessoa ou outro registro.

Tipos de dados

- Texto
- Memorando
- Número
- Data/Hora
- Moeda

- Auto-Numeração
- Sim/Não
- Objeto OLE
- Hyperlink
- Assistente de Pesquisa

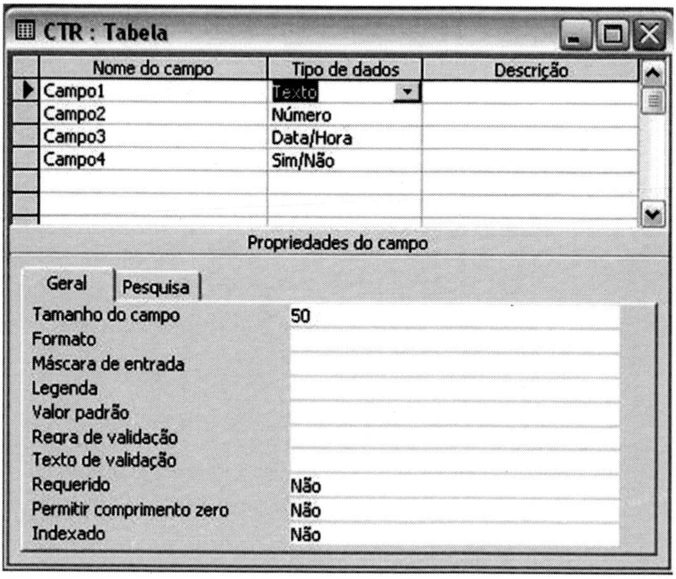

Figura 52. Tipos de dados tabela MS ACCESS

Relacionamentos

Relações vinculam dados de tabelas individuais para aumentar as suas utilidades.

Bancos de dados relacionais, ou seja, os dados são armazenados em várias tabelas separadas de acordo com o assunto ou a tarefa, mas esses dados estão relacionados e podem ser reunidos da maneira que você especificar.

Figura 53. Exemplo de relacionamento MS-ACCESS

Consultas

As funções podem ser utilizadas para criação de campos calculados em consultas de seleção ou mesmo como expressões de atualização em consultas de ação.

Operações com números	Operações com textos	Operações com Datas
• Soma	• Esquerda	• Dia
• Multiplicação	• Direita	• Mês
• Média	• Meio	• Ano
• Contar	• Compr	
• Max	• SuprEspaço	
• Min	• &	

A Função PROCV (ou VLOOKUP) – MS-Excel

Localiza/procura um valor na primeira coluna à esquerda de uma tabela e retorna um valor na mesma linha de uma coluna especificada na tabela.

Sintaxe da fórmula:

=PROCV(valor_procurado, matriz_tabela, núm_índice_coluna)

	A	B	C	D
1	Código	Funcionário	Setor	salário
2	10151	José Fernandes	Contabilidade	960,00
3	10152	Maria Aparecida	Recursos Humanos	750,00
4	10153	Raimundo Nonato	Morotista	450,00
5	10154	João Paulo	Digitador	550,00
6	10155	Luis Inácio	Office Boy	300,00
7	10156	Francisca da Silva	Telefonista	550,00
8	10157	Antônia Moreira	Secretária	600,00
9	10158	Sebastião Pereira	Jardineiro	280,00
10	10159	Luciana Melo	Copeira	280,00
11	10160	Sérgio Péres	Vigilante	650,00

Figura 54. Índices das colunas para procv/vlookup

A tabela acima será a nossa matriz_ tabela no exemplo que iremos construir.

Sendo que a Coluna A será a referência da qual a função PROCV/VLOOKUP se utilizará para localizar os outros campos (as colunas à direita).

	A	B	C	D
12				
13	Código	Funcionário	Setor	salário
14	10152	Maria Aparecida	Recursos Humanos	750,00
15	10154	João Paulo	Digitador	550,00
16	10161	#N/D	#N/D	#N/D
17		#N/D	#N/D	#N/D

Figura 55. Resultados Procv/Vlookup

A coluna A (Código) é onde digitaremos o valor a ser procurado na matriz_tabela, ou seja, é o campo "valor_procurado" da fórmula. Se este campo estiver sem nenhum valor ou tiver um valor que não corresponda ao da coluna código na matriz_tabela aparecerá nos campos o código #N/D*.

A Coluna B (Funcionário), C (Setor) e D (Salário) têm a fórmula PROCV e utilizam as colunas índice 2, 3 e 4, da matriz_tabela, respectivamente.

A FÓRMULA = PROCV($A14, *$A$2:$D$11,* 2) na célula B14.

Lembrando que o símbolo $ serve para definir uma referência absoluta. Na prática, não muda os valores das células quando copiamos e colamos a fórmula em outras células. É usado antes da referência que queremos "travar". Exemplo: se usado assim $A$1 quando copiarmos e colarmos, a fórmula da coluna e a linhas permanecerão as mesmas. Já, se usado assim: $A1, quando copiada e colada a fórmula da coluna permanecerá a mesma, mas, a linha será mudada, e vice-versa.

=PROCV a função propriamente dita.

(**$A14**, esta á a célula que contém o valor procurado. Usamos o $ apenas na coluna, para copiar para as linhas seguintes.

$A$2:$D$11 é a matriz_tabela o intervalo de nosso banco de dados, de onde extrairemos os valores pretendidos.

,**2**) é a localização da coluna, na qual está no nosso dado.

Nas colunas seguintes a fórmula será a mesma alterando apenas o número índice da coluna.

Feita a primeira linha, basta selecioná-la, copiá-la e colá-la, nas linhas seguintes.

* O valor de erro #N/D ocorre quando um valor não se encontra disponível para uma função ou fórmula.

O que é uma SQL?

Structured Query Language - Linguagem de Consultas Estruturadas ou simplesmente SQL, é uma linguagem padrão de mercado de pesquisa para quase todos os banco de dados.

Ou seja, são instruções que você dá ao banco de dados dizendo quais as informações que você necessita.

Exemplo de SQL: Saber a data de nascimento de clientes que compraram em janeiro de 2009.

SELECT (Lista de campos a obter)

CADASTRO_CLIENTES.CPF,

CADASTRO_CLIENTES.NOME,

CADASTRO_CLIENTES.DT_NASCIMENTO

VENDAS.ITEM_ADQUIRIDO

VENDAS.DATA

FROM (tabelas onde estão os dados)

CADASTRO_CLIENTES,

VENDAS

INNER JOIN (condição de relacionamento de tabelas – chaves primárias das duas tabelas)

VENDAS

ON

CADASTRO_CLIENTES.CPF = VENDAS.CPF

WHERE (critérios de filtro da consulta)

VENDAS. DATA > = 01/01/2009 and

VENDAS. DATA < = 30/01/2009;

Técnicas de Amostragem

Usando métodos estatísticos ou não, o auditor para avaliar a efetividade de determinado banco de dados, deve desenhar e selecionar uma Amostragem de Auditoria, e avaliar os resultados para obter evidências suficientes, confiáveis e relevantes para o suporte de eventuais recomendações ou mesmo atestar quanto a efetividade do processo.

Estatística

Amostragem Aleatória – Propicia que todas as combinações possíveis de amostragem da população têm igual chance de seleção, ex. Média, Desvio Padrão.

Amostragem Sistemática – Envolve a seleção de unidades de amostra a partir de intervalos que determinem a maioria do contingente auditado, ex: lançamentos manuais à contabilidade acima de R$ 100.000,00, considerando todas as ocorrências acima disto que representam acima de 80% dos lançamentos.

Não Estatística

Amostragem Julgamental - Para uma condição específica, que nem sempre representa a maioria do contingente, o Auditor embasa a sua amostragem em critérios específicos, com foco em suspeitas de problemas/ fraudes, por exemplo: Seleção de contratos de financiamento imobiliário de pessoas acima de 85 anos, com prazo de 20 anos

Exercício IX – Estudo de Caso: Risco Financeiro

Para realizar este exercício é necessário baixar o Exercicio-IX-RiscoFinanceiro.mdb (formato MS-Access 97-2003) do link: http://www.Onlineshop.net.br/Exercicios/Exercicio-IX-RiscoFinanceiro.zip

Dúvida: Comissões pagas no exercício 30/01/2009 foram lançadas corretamente?

1) Com o respectivo balancete precisamos validar os lançamentos efetuados para contas de lançamentos para Receita de Comissões – Comissões

2) Avaliar os lançamentos realizados para comissões de vendedores, qual o cargo de quem os realiza ? São os próprios Vendedores ou o pessoal de Contas a Pagar/Receber?

3) Conseguimos identificar plenamente quem realizou o lançamento?

4) Estes funcionários estão ativos na empresa ou foram demitidos ?

5) Emitir recomendações se houver problemas.

Instruções para realizar o exercício

Necessitamos do Balancete e dos lançamentos contábeis do sistema de contabilidade (ERP) de 31/01/2009.

Obter arquivos de balancete do sistema de Contabilidade (ERP) de acordo com o layout abaixo:

Obter também o arquivo de Recursos Humanos (RH)

Campo	Tipo	Descrição
FILIAL	Número	Código da Filial
CONTABILIZADO EM	Data	Data de Comercialização
CONTAORIGEM	Número	Número da Conta de Origem
CONTADESTINO	Número	Número da Conta de Destino
VLRDÉBITO	Valor	Valor a Crédito
VLRCRÉDITO	Valor	Valor a Débito
DESCRIÇÃO	Texto	Descrição do Lançamento
FUNCIONAL	Texto	Usuário Responsável
TIPO	Texto	Tipo de Lançamento

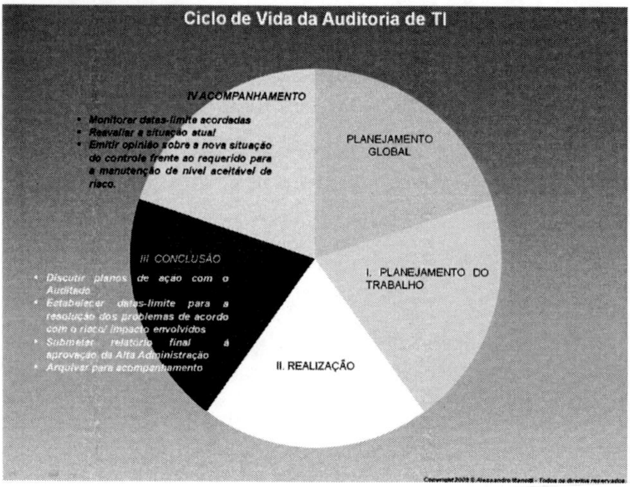

Figura 56. Conclusão e Acompanhamento

Auditoria Contínua e Monitoramento Contínuo

Com a finalização dos trabalhos de auditoria do Planejamento Global, a auditoria emite sua opinião geral sobre a efetividade dos controles sistêmicos avaliados para a gestão dos riscos e tomada de decisão, conforme a rotação necessária para abordar a criticidade de riscos proposta pela alta administração.

Porém,durante o período entre as auditorias (trimestral, semestral, anual, bianual), como garantir se aquele controle avaliado durante os trabalhos realmente gerencia riscos e se comporta conforme o funcionamento esperado e testado durante a auditoria?

Vamos tomar como exemplo um controle simples de trava sistêmica de digitação e aprovação (ou feito/conferido) para alteração de percentuais de comissões pagas a vendedores da Onlineshop.net.br.Como este controle ficará sob situação de stress em datas festivas (natal, dia das mães, etc.), quais as filiais apresentam maior volume de alterações de comissões durante o ano, quais estariam mais sujeitas a alterações indevidas, fraudes? etc.

Controles de validação de alçadas e mudanças de parâmetros sistêmicos se mantêm efetivos mesmo após a realização da auditoria?

Os indicadores desenhados e os testes automáticos de riscos e controles em dados contidos nas bases de dados através de Técnicas de Auditoria Auxiliadas por Computador (CAATs/TAACs) podem ser aproveitados para propiciar a Auditoria Contínua ou Monitoramento Contínuo dos controles e riscos aplicados àquela unidade de negócio objeto da auditoria.

Concluímos então que, invés de fornecer razoável conforto de gestão dos riscos para os acionistas, clientes e conselho de administração, apenas durante auditorias periódicas, existe tecnologia disponível atualmente para permitir que a auditoria interna ou a área de negócio possam fornecer uma visão tempestiva (imediata) de gerenciamento dos riscos e garantia de aderência aos controles de altíssimo nível por meio da Auditoria Contínua ou Monitoramento Contínuo.

Auditoria Contínua (CA) e Monitoramento Contínuo (CM)

Os extratores de dados, motores de conciliação e indicadores da Auditoria Contínua (CA - *ContinuousAudit*) são orientados à avaliação dos Controles, já o Monitoramento Contínuo (CM – *ContinuousMonitoring*) é orientado a gestão contínua dos Riscos e Controles pelas áreas de negócio e controle interno.

De acordo com o IIA (*InstituteofInternalAuditors*- Associação Internacional de Auditores Internos), o CM é um processo para auxílio na estrutura de controle interno, conforme papéis e responsabilidades definidos pelo COSO (Boas Práticas de Controles Internos definidos do *CommitteeofSponsoringOrganizationsoftheTreadway Commission* – ref. de mercado). A Auditoria Contínua faz parte do processo de auditoria eletrônica da eficiência dos controles.

Auditoria Contínua – CA

Auditoria Contínua pode ser definida como a garantia de que os auditores tem o conhecimento tempestivo, seja por meio de indicadores ou alarmes da ocorrência de quaisquer eventos relevantes relacionados ao universo auditável (maiores riscos monitorados) da empresa.

- Indicadores, Alarmes e Extratores de Dados são de Propriedade da Auditoria Interna, conforme percepção do risco no universo auditável;
- Atividade sob a responsabilidade da Auditoria Interna para avaliação de controles;
- É realizada independente do Monitoramento do Controle Interno, por isso não deve ser de natureza preventiva e sim detectiva;

- A Auditoria deve reavaliar constantemente os indicadores e extratores com tendências alinhadas à gestão das mudanças da operação e riscos do negócio;

- Auxilia o auditor no entendimento, mapeamento e priorização de unidades críticas no universo auditável, conforme a materialização dos riscos demonstrada pelos indicadores.

Como viabilizar

- **Parâmetros:** Entendimento dos objetivos dos testes e regras de negócio a auditar;

- **Alarmes:** Mapeamento dos cenários de riscos relacionados aos controles;

- **Entradas/Bases, Facilitadores/Extratores:** Identificar bases de dados, campos de tabelas, periodicidades e parâmetros a serem analisados;

- **Saídas/Relatórios:** Seleção de população auditável com base no perfil de risco mapeado.

Vantagens da utilização

- Maior controle e rastreabilidade dos riscos do universo auditável;

- Redução do custo da auditoria local, podendo ser realizada àdistância;

- Melhoria do foco de avaliação, abordando cenários e unidades mais propensas a materialização dos riscos identificados.

Monitoramento Contínuo – CM

Monitoramento Contínuo é um processo implementado pela alta administração, para garantir de forma constante que os controles implementados pelo negócio estão funcionando de forma eficiente (adequadamente) e eficaz (produzem o resultado esperado).

- Indicadores, Alarmes e Extratores de Dados são Propriedade da Área de Negócio e Controles Internos, neste mapeamento pode se considerar também a utilização de modelos neurais (inteligência artificial) considerando base de comportamento, tendências e valores que devam ser analisados;
- Atividade de responsabilidade da Área de Negócio para monitoração de controles;
- Monitoramento dos Controles pode ser detectivo, preventivo ou corretivo por natureza, pois auxilia na tomada de decisão de negócio;
- A evolução do Monitoramento Contínuo deve ser proativa e alinhada às mudanças significativas no negócio e ao cenário de risco ao qual o processo de negócio está exposto;
- Auxilia o gestor do negócio no entendimento da saúde de seus controles de maior risco.

Como viabilizar

- **Parâmetros:** Entendimento das regras de negocio a monitorar;
- **Alarmes**: Mapeamento dos cenários de controles relacionados à monitoração;
- **Entradas/Bases, Facilitadores/Extratores:** Identificar bases de dados, campos de tabelas, periodicidades e parâmetros a serem analisados.
- **Saídas/Relatórios:** Mapeamento de casos obtidos através dos alarmes e Intervalos (ranges) a monitorar.

Vantagens da utilização

- Maior rastreabilidade das operações críticas;
- Redução do tempo de correção de inconsistências nos controles;

- Maior eficiência na gestão dos controles.

Fontes de informação: The IIA Institute e Raw.rutgers.edu - Continuous Auditing & Reporting Lab

Veja um exemplo prático abaixo de como viabilizar uma Auditoria ou Monitoramento Contínuo de Comissões Pagas a Vendedores da Onlineshop.net.br.

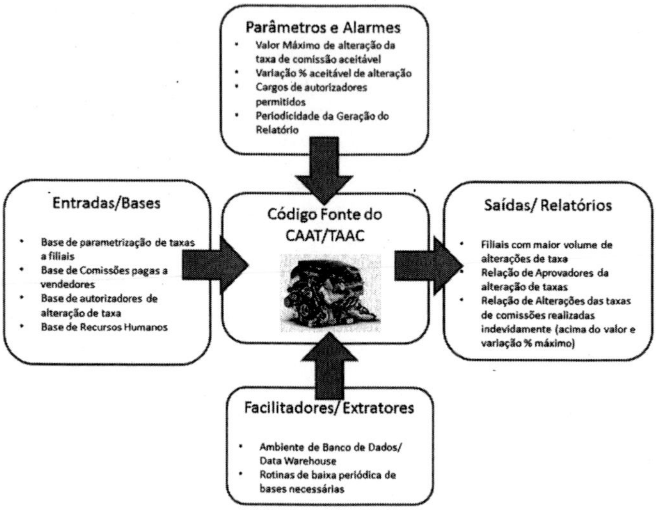

Figura 57 Modelo de Auditoria /Monitoria Contínua para Comissões pagas a Vendedores da Onlineshop.net.br

Capítulo 8

Formalização dos Papéis de Trabalho da Auditoria

a. Objetivo dos papéis de trabalho

b. Modelo de Papel de Trabalho - Fluxograma

c. Modelo de Papel de Trabalho - Nota Narrativa

d. Modelo de Papel de Trabalho - Programa de Trabalho/Checklist

e. Modelo de Papel de Trabalho – Questionário

f. Requisitos dos Papéis de Trabalho

g. Organização dos Papéis de Trabalho

Objetivo dos papéis de trabalho

Os Papéis de Trabalho de Auditoria - PTs destinam-se a descrever detalhadamente os processos abordados durante os trabalhos de levantamento da

Auditoria, e devem referenciar às evidencias obtidas para suportar as conclusões durante os trabalhos e o Relatório Final da Auditoria.

As evidências podem ser, mas não se limitam a: arquivos, fluxogramas, atas de reunião, manuais, "prints" de tela, configurações, etc.

Os Papéis de Trabalho de Auditoria suportam as conclusões do Relatório Final, estes devem ser coerentes entre si, caso contrário existe o risco de questionamento de todo o trabalho de Auditoria.

Papéis de Trabalho são de propriedade dos auditores responsáveis pelo levantamento, que por ética profissional e compromisso de confidencialidade à seus clientes NUNCA, OU SOB QUALQUER HIPÓTESE devem divulgá-los a terceiros, a não ser que haja a expressa autorização do cliente envolvido, ou quando for solicitado por ordem judicial expedida pela autoridade legal competente.

As formas de documentação de papéis de trabalho podem ser:

- Fluxogramas;
- Notas Narrativas;
- Programa de Trabalho/Lista de verificação (Checklist) ou;
- Questionários.

Modelo de Papel de Trabalho - Fluxograma

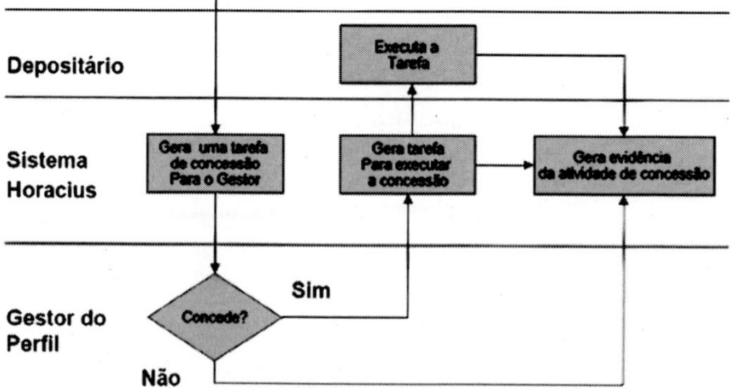

Modelo de Papel de Trabalho - Nota Narrativa

Assunto:	Robustez do sistema ERP para realização dos processos críticos					
Entrevistados:	Rogério Mantarelli / Flávia Deberte					
Área de atuação:	Financeira / Faturamento				Ramal:	
Data da Entrevista:	27/08/2007	Horário de Início:	9hs	Horário de Término:	10hs	

As responsabilidades da área financeira são as seguintes:

- Faturamento (notas fiscais) e gerenciamento fiscal (IPI – ICMS);
- Custos;
- Contabilidade;
- Investimentos.

Entre outros processos importantes o que poderia ser considerado como mais crítico seria a Central de Recebimento/ Balança, onde:

1 – Realiza-se a emissão das notas fiscais (serviço/ material técnico)

2 – Confere-se pedido a ser enviado na balança (portaria)

O faturamento mensal da Empresa é de R$ 18 milhões ou R$ 800 mil/dia.

Os problemas iniciais, durante a implementação do ERP, impactaram a realização dos controles de monitoramento de custos X investimentos, que atualmente encontra-se em fevereiro, e deveriam já refletir números de março.

Foi definida pelo Sr. Rogério Mantarelli uma agenda de ações para a Consultoria de Software, junto a área de TI, para a correção dos problemas de operação do próprio ERP, bem como demais melhorias a serem implantadas.

A operação dos dois ERPs, durante o processo de migração a área teve uma redução brusca de desempenho, quase parando o processo de emissão de notas, impactando em um processo REATIVO de compra de servidores em 18/03/2007.

Conclusão da Auditoria

Processo <u>Insatisfatório</u>

Devido à falta de planejamento de capacidade e desempenho, bem como um plano de migração de sistemas.

Fatos estes mencionados, que leveram às diversas paradas operacionais reportadas durante o último semestre, comprometendo a entrega dos produtos e serviços propostos em SLA (Acordo de nível de Serviço), podendo incorrer em sanções/restrições de clientes, bem como o pagamento de multas contratuais, incorrendo em riscos financeiros e de imagem desnecessários.

Modelo de Papel de Trabalho - Programa de Trabalho/Lista de Verificação (Checklist)

Item	Servidor Active Diretory	Servidor Mesa de Operações - Tesouraria
Procedimentos para a revisão periódica dos acessos concedidos, considerando os usuários e diretórios críticos existentes.	NÃO	NÃO
Procedimentos para a revisão periódica dos registros históricos (logs) de auditoria de segurança.	NÃO	NÃO
Habilitada a opção de registro histórico (logs) de auditoria de segurança.	OK	NÃO
Diretório "C:\WINNT" está com permissão de controle total atribuída a todos os usuários.	N/A	NÃO
Usuário "convidado" (guest) está habilitado.	OK	NÃO
Disco de recuperação do sistema operacional ("repair disk") para restauração do servidor em caso de comprometimento das configurações.	N/A	NÃO
Possibilidade de utilização de senhas em branco.	OK	NÃO
Legenda: NÃO- Vulnerabilidade Detectada OK - Não foi detectada a vulnerabilidade N/A - Não avaliado		

Modelo de Papel de Trabalho – Questionário

Assunto:	Segurança Física				
Entrevistados:					
Área de atuação:				Ramal	
Data da Entrevista:		Horário início		Horário término	

01. Como é feito o controle de acesso ao CPD e dependências onde se encontram equipamentos críticos? Como é feito o controle de acesso ao backup site?

02. Os acessos realizados ao CPD são registrados?

03. Existem procedimentos para concessão de acesso a essas localidades?

04. Os prestadores de serviço têm acesso às dependências da empresa que são classificadas como áreas críticas?

05. Existem sistemas de detecção de intrusão instalados nas áreas consideradas críticas?

06. Existem extintores de incêndio e detectores de fumaça instalados nas dependências onde estão localizados os equipamentos de informática?

07. Existem dispositivos para controle de umidade e temperatura nas dependências da empresa onde estão localizados os equipamentos críticos?

08. Existem no-breaks instalados para todos os equipamentos considerados críticos? Quais os recursos utilizados caso haja interrupção no fornecimento de energia?

09. Existe backup-site caso ocorra algum desastre que impossibilite o funcionamento do CPD principal?

10. Existem câmeras instaladas nas dependências onde se localizam os equipamentos considerados críticos para a empresa?

11. Existem restrições em relação ao consumo de comidas ou bebidas nas dependência onde se localizam os equipamentos críticos?

12. Quais os procedimentos para remoção de um equipamento para manutenção?

13. Os equipamentos considerados críticos possuem seguro com roubo, furto, e desastres físicos?

14. Está sendo adotada alguma política específica para o armazenamento e manuseio de documentos considerados críticos?

15. Verificar a disposição do cabeamento de rede.

16. Existem restrições quanto ao local/impressora em que são impressas informações consideradas críticas?

17. Existem trituradores de papel para destruição dos relatórios considerados confidenciais? Qual prática é adotada para descarte de relatórios considerados confidenciais?

18. A empresa possui geradores de energia?

19. Como é feito o controle sobre os equipamentos portáteis?

Requisitos dos Papéis de Trabalho

- Devem exprimir a TOTALIDADE dos objetivos e escopo descritos no planejamento do trabalho de auditoria, separando-se o Papel de Trabalho por objetivo de controle abordado.

- Caso algum item do programa de trabalho não seja abordado, as justificativas devem ser formalizadas no respectivo papel de trabalho referente ao objetivo de controle não abordado.

- Devem ser revisados pelo supervisor e/ou gestor do trabalho de auditoria, este deve esclarecer as dúvidas sobre o levantamento, que devem ser esclarecidas ANTES do término de trabalho de campo.

- Devem ser assinados, datados pelo auditor responsável, e aprovados pelo supervisor e/ou gestor do trabalho.

- Devem referenciar adequadamente evidências e referências a outros papéis de trabalho e/ou suas evidências.

- Suas conclusões devem ser adequadamente suportadas por nível coerente e suficiente de evidências, na descrição do processo.

- Devem ser revisados quanto a qualidade de documentação e suficiência de documentação em relação ao programa de trabalho de auditoria.

- Devem ser formalizados DURANTE o trabalho em campo de auditoria e não APÓS a emissão do relatório final de Auditoria.

- Forma de manter o conhecimento sobre trabalhos realizados e promover continuidade do conhecimento.

Organização dos Papéis de Trabalho

Deve-se também atentar para a organização dos papéis de trabalho para futura referência e/ou acompanhamento periódico de trabalhos no cliente, no mínimo quanto a:

- Nome do Cliente Avaliado;
- Ano da Auditoria;
- Data da Auditoria;
- Processo de Controle Avaliado;
- Evidências Coletadas por Papel de Trabalho;
- Conclusões.

A organização básica destes preceitos pode ser adotada em uma pasta com acesso restrito ao auditor(es) responsável(is) na rede, bem como, existem atualmente ferramentas de mercado que promovem automaticamente essa organização dos:

- Programas de Trabalho/Checklists necessários à realização dos respectivos planos de auditoria;
- Papéis de Trabalho;
- Conclusões/ Relatórios de Auditoria;
- Acompanhamento de calendário de recomendações E;
- Implantação das recomendações geradas.

Capítulo 9

Relatório Final de Auditoria e Acompanhamento

a. Rascunho, revisão, conclusões, recomendações

b. Acompanhamento da implantação das recomendações.

Rascunho, Revisão, Conclusões, Recomendações

O relatório de auditoria é o produto final do trabalho do auditor de sistemas.

Ele é utilizado para indicar as observações e as recomendações à gerência, bem como se expõe a opinião sobre os controles ou procedimentos revisados durante a auditoria.

Não existe um formato específico para expor um informe de auditoria de sistemas de informação, mas geralmente possui a seguinte estrutura ou conteúdo:

- Sumário Executivo – onde se expressam os objetivos, período ou escopo coberto pela mesma, e uma definição geral sobre a natureza ou extensão dos procedimentos de auditoria realizados.

- Observações detalhadas e recomendações de auditoria.

- Respostas, prazos e observações das áreas auditadas a respeito das recomendações.
- Conclusão Global do auditor expressando uma opinião sobre os procedimentos revisados.

Acompanhamento da implantação das recomendações

O trabalho da auditoria é um processo contínuo, e deve-se compreender que não há motivo para sua realização caso as gerências auditáveis responsáveis pelos controles não cumprem as recomendações emitidas.

Para isto devemos estabelecer um programa de acompanhamento de implantações, a periodicidade deste processo dependerá do caráter crítico das recomendações da auditoria.

O nível de revisão de acompanhamento do auditor de sistemas dependerá de diversos fatores, em alguns casos, talvez seja necessária apenas a investigação da situação atual, em outros casos deverá realizar uma revisão mais técnica do sistema.

Modelo do Relatório de Auditoria

RELATÓRIO DE RECOMENDAÇÕES PARA MELHORIA NOS CONTROLES INTERNOS E PROCEDIMENTOS RELATIVOS AO AMBIENTE DE PROCESSAMENTO ELETRÔNICO DE DADOS

Onlineshop.net.br

Rio de Janeiro - RJ

INTRODUÇÃO [Finalidade do Trabalho]

Como parte integrante do exame das demonstrações contábeis da ONLINESHOP.NET.BR , referente ao exercício findo em 31 de dezembro de 2003, apresentamos comentários sobre os controles internos e procedimentos relativos ao processamento eletrônico de dados, decorrentes de aspectos ou assuntos que vieram ao nosso conhecimento por ocasião de nossas visitas, executadas de acordo com as normas de auditoria.

Este relatório tem por finalidade contribuir para aperfeiçoar os controles internos e a integridade dos dados, propiciando à administração maior segurança sobre as transações, os dados e a proteção destes nos sistemas.

Considerando que os trabalhos foram realizados com base em testes, amostragem e informações fornecidas pelos profissionais do departamento de informática, nosso relatório não constitui garantia de inexistência de erros ou imprecisões além daqueles mencionados. Assim, outras recomendações poderão ser originadas por futuros trabalhos.

ESCOPO DOS TRABALHOS DE AUDITORIA DE SISTEMAS [Itens avaliados, metodologias, objetivos de controle, ambientes, limitações de escopo - se aplicável]

Foi examinado o ambiente de processamento eletrônico de dados, considerando-se os seguintes aspectos:

- Políticas de gerenciamento e organização;
- Segregação de funções entre profissionais de processamento eletrônico de dados e administração;
- Controle de acesso às transações dos sistemas;
- Controle de acesso aos programas e arquivos eletrônicos de dados;
- Controle de acesso físico às instalações de processamento eletrônico de dados;
- Controle de desenvolvimento de sistemas e;
- Continuidade do negócio da ONLINESHOP.NET.BR.

SUMÁRIO EXECUTIVO [Leitura Executiva do Relatório – ÉPROIBIDO AQUI O USO DE TERMOS TÉCNICOS !]

I – Visão Macro [*Histórico da Empresa, Missão, Negócio, Principais Processos, Estrutura Organizacional, Organogramas*]

A ONLINESHOP.NET.BR, num esforço para atender sempre melhor os seus clientes tem implantado modernos métodos de gestão de estoques e vendas online, solidificando cada vez mais os princípios da qualidade e da confiabilidade, expandindo-se ininterruptamente, incorporando novos equipamentos e tecnologias.

Neste cenário onde a tecnologia tornou-se um diferencial competitivo de mercado no suporte às operações do negócio, que representam atualmente na ONLINESHOP.NET.BR um faturamento médio de 12 milhões por mês, bem como no atendimento às necessidades dos clientes, investimentos têm sido realizados frequentemente em Tecnologia da Informação, com ferramentas para:

- Gestão Empresarial – ERP;
- Atendimento a Clientes – CRM;
- Cotação Eletrônica de Suprimentos - *E- Procurement B2B* (10% das aquisições).

O software de Gestão Empresarial - ERP conta com aproximadamente 300 usuários e os seguintes módulos instalados:

- Vendas – CD (Integração com o CRM);
- Financeiro – FI;
- Controladoria – CO;
- Ativo Fixo – AM;
- Produção – PP;
- Manutenção – PM.

A área de TI da ONLINESHOP.NET.BR, responde diretamente à Vice-presidência e conta com um coordenador e mais 10 profissionais para o atendimento às solicitações corporativas de Tecnologia da Informação.

A área possui a seguinte segregação funcional:

- Coordenação;
- Administração de Redes e Operações: 2 Analistas de Suporte Pleno;
- Desenvolvimento: 6 Analistas de Sistemas;
- Suporte Técnico: 2 Analistas de Suporte Júnior

II – Principais Observações [*Resumo das* ***Observações de Maior Risco* *e Recomendações*]**

Em nossa abordagem de auditoria e entendimento dos processos de gestão de TI atualmente adotados pela ONLINESHOP.NET.BR, entendimento este, corroborado por meio de levantamentos, entrevistas e documentações obtidas junto aos funcionários e colaboradores, identificamos algumas oportunidades de aprimoramento dos controles, relatadas a seguir de forma sucinta:

- Inexiste representante formal que responda pela estratégia em Tecnologia da Informação e garantia do suporte desta ferramenta às metas e missão da ONLINESHOP.NET.BR, bem como na otimização de investimentos atuais e futuros em TI;

- Não existe mapeamento das necessidades e inventário de perfis de acesso aos usuários e administradores do aplicativo ERP, possibilitando problemas de confiabilidade das informações por meio de acessos concedidos indevidamente;

- Existe dependência de profissionais-chave às funcionalidades de operação e administração do aplicativo ERP, sendo o conhecimento de tais tarefas comprometido caso estes profissionais venham a faltar;

- Inexistem funcionalidades para o cumprimento de requisitos legais, como a geração dos arquivos SRF IN 86/01, armazenamento das informações - *backups* e realização de inventário periódico de *software*;

- As operações de TI não estão permeadas por um Plano de Contingência adequado, que enumere ações emergenciais e contramedidas em caso de paradas ou desastres, com a finalidade de minimizar os impactos financeiros e operacionais ao ambiente de TI e consequentemente aos ativos de informação da ONLINESHOP.NET.BR;

- O contrato de prestação de serviços com terceiro responsável pelo fornecimento do aplicativo de gerenciamento empresarial – ERP, não define métricas de qualidade aceitáveis ao atendimento de problemas conforme as necessidades do negócio e contingências, bem como a aplicação de multas por não-conformidades.

- Procedimentos formais já existentes necessitam de aprimoramento aos processos de: concessão, revisão e bloqueio de acesso, gerenciamento de contas e senhas, inventário de software, backup e restore.

III. Observações Detalhadas [*Detalhe técnico das Observações*]

1. Eliminar Acesso de Demitidos e Aprimorar Procedimentos de Concessão, Revisão e Bloqueio de Acesso [*Título da Observação: Apenas 1 Linha !*]

[Detalhe da Observação: Qual a NãoConformidade?]

Apesar de existir procedimento formal em política de segurança, e normas para o controle de acesso a rede/informações, definindo que usuários devem sempre, no acesso às informações possuir usuário e senha, esses procedimentos não definem: armazenamento das solicitações de acesso para referência;

- revisão periódica dos perfis de acesso;
- bloqueio de acesso de funcionários e terceiros desligados.

Em amostra de 10 funcionários (8%) ativos de um total de 120, nenhum possuía junto ao departamento de informática a formalização da aprovação de solicitação de acesso aos gestores competentes.

Contas ativas de 8 funcionários desligados foram identificadas junto a área de TI, estas contas para acesso à rede Windows 2000:

NOME	SETOR	DT_DEMISS	**USUÁRIO**	**GRUPOS**
Paula Luciano	Atend. Cliente	9/6/03	PAULA	GG_ADMINISTRATIVO_TELEVENDAS
				GG_ADMINISTRATIVO_CUSTO_COMERCIAL
Camila Bruns	PCP	4/7/03	Bruns	GG_SUPRIMENTOS_PCP
Gerson Debatim	PCP	28/3/03	GERSON	GG_SUPRIMENTOS_PCP
Almir Casagrande	PCP	3/11/03	ALMIR	GG_SUPRIMENTOS_PCP
				GG_ADMINISTRATIVO_PROTOCOLO

Evaldo da Silva Pereira	PCP	23/6/03	EVALDO	GG_ SUPRIMENTOS_ PCP
				GG_INDUSTRIAL_ ROLETES
Rose G. de Almeida	Atend. Cliente	5/6/03	rosealmeida	GG_ ADMINISTRATIVO_ TELEVENDAS
Selma Lopes Antoniazzi	At. Cliente	8/12/03	Selma	GG_ ADMINISTRATIVO_ TELEVENDAS
Paulo de Bittemcourt	Ass. Jurídica	16/6/03	Paulo	GG_ ADMINISTRATIVO_ JURIDICO

[Risco/Impacto da Não Conformidade]

A inexistência de procedimentos formalmente estabelecidos para a concessão, revisão e remoção de acesso aos sistemas de informação, possibilita que autorizações de acesso sejam concedidas ou mantidas diferentemente das normas ou padrões estabelecidos pela empresa.

Essas autorizações de acesso permanecem ativas após o desligamento dos funcionários ou terceiros, causando danos às informações, sem a possibilidade de identificação do respectivo autor.

Calendário de Recomendações *[Plano de Ação Para Resolução e Datas Acordadas]*

Remover imediatamente o acesso dos funcionários desligados.	Imediato
Aprimorar e implementar procedimentos formais para concessão, revisão e bloqueio de acesso aos sistemas de informação da ONLINESHOP.NET.BR.	30/04/2004
Armazenar todas as requisições de acesso aos ativos de informação, para referência e identificação de responsabilidades em caso de não conformidade.	28/02/2004
Realizar regularmente uma análise crítica aos direitos de acesso dos usuários, para identificar se perfis de acesso concedidos estão adequados somente às funções necessárias para o desempenho das atividades dos usuários.	30/04/2004
Estabelecer procedimentos junto ao setor de departamento pessoal, auditoria interna e gestores das áreas de negócio para a geração de listagem periódica dos funcionários e terceiros desligados ou transferidos, para o respectivo bloqueio dos acessos ou atualização dos perfis de acesso.	30/04/2004

Comentários da Administração [*Obter resposta da área responsável pela gestão da recomendação]*

A administração concorda com as observações e datas acordadas

2. Definir Perfis de Acesso ao ERP

Os acessos ao ERP a novos funcionários são concedidos por meio da utilização de perfis-padrão com base no acesso de outro funcionário da mesma área, porém, não existe inventário dos perfis de acesso, definindo as transações no ERP a que cada área e cargo devem possuir para o acesso adequado às funções do aplicativo.

A ausência de um inventário dos perfis de acesso aos sistemas, que identifiquem as reais necessidades de acesso aos sistemas para cada funcionário na empresa, possibilita que acessos sejam atribuídos aquém ou além das necessidades do funcionário, permitindo, neste último caso, que funcionários realizem ações indevidas no sistema, prejudicando a confiabilidade, confidencialidade e disponibilidade dos ativos de informação da empresa.

Calendário de Recomendações

Mapear necessidades de acesso, seguindo o princípio do "menor privilégio possível", junto aos gestores das áreas de negócio, e que estas permissões sejam elencadas às transações disponíveis ao aplicativo ERP para adequada concessão de acesso aos ativos de informação.	28/02/2004
Realizar a revisão dos acessos já concedidos, e periodicamente na ocasião em que haja mudanças nas regras de negócio e sistemas, a fim de evitar a possibilidade de acessos indevidos.	30/04/2004

Comentários da Administração

A administração concorda com as observações e datas acordadas

________________ Responsável legal pela Auditoria na Onlineshop.net.br	________________ Contratante do Trabalho de Auditoria
________________ Supervisor do Trabalho	________________ Auditor Responsável

Rio de Janeiro, 23 de Janeiro de 2004.

Anexos

Anexo 1

Modelo de RFP

REQUISIÇÃO DE PROPOSTA

RFP - REQUEST FOR PROPOSAL

CONFIDENCIAL

PROCESSO

CONTRATAÇÃO DE SERVIÇOS TÉCNICOS DE CONVERSÃO DA ESTRUTURA DO AMBIENTE MAINFRAME DO ACF2 PARA O RACF

CLIENTE

WWW.ONLINESHOP.NET.BR

VERSÃO DESTE DOCUMENTO

V 1.1

19 / Janeiro / 2004

IMPORTANTE

Solicitamos a entrega da proposta até o dia 30 de Janeiro de 2004, impreterivelmente, no seguinte endereço:

www.Onlineshop.net.br

A/C: João Marques de Almeida –

Rua Desembargador Izidro, nº 40 sala 203

Tijuca - Rio de Janeiro - RJ

02752-006

(0XX 21) 6738.2222

jmarques@Onlineshop.net.br

A devolução deve ser feita em papel timbrado da empresa e em arquivo digital através de:

Correio eletrônico, para o endereço indicados acima e mais uma das opções a seguir:

Correio (SEDEX), Courier Privado ou entrega pessoal no endereço acima.

Em todas as situações de entrega, favor solicitar protocolo de recebimento.

1. Objetivos da www.Onlineshop.net.br

A www.Onlineshop.net.br é uma empresa do Grupo Onlineshop.com, com sede nos Estados Unidos, com mais de 70 mil clientes, US$ 124 milhões em ativos, 25.000 profissionais. É um dos Top10 em comércio eletrônico de eletrodomésticos da América do Norte.

Há seis anos no Brasil, a www.Onlineshop.net.br tem um histórico sem precedentes de aquisições de pequenos sites de comércio eletrônico e contínuo crescimento desde 2003, R$ 5 milhões em ativos. Todo este movimento evidencia a estratégia de consolidação da www.Onlineshop.net.br no Brasil, principalmente nas regiões Sudeste e Nordeste, onde estabeleceu sua base de crescimento no país.

A WWW.ONLINESHOP.NET.BR, está conduzindo um estudo para contratar uma empresa para conduzir projeto de conversão do produto de segurança lógica, ambiente mainframe MVS / 390, de ACF2 para RACF para padronização de arquitetura em relação à matriz nos Estados Unidos conforme escopo descrito, no ITEM D.

O projeto contém um plano detalhado de implementação descrito, no ITEM D, no qual consta um conjunto de atividades que já foram realizadas. Portanto, caberá ao parceiro revisar as atividades realizadas, revisar o plano detalhado e implementar o RACF oferecendo ao ambiente o mesmo nível de proteção existente atualmente, com o produto ACF2.

2. Normas de Participação

2.1. Documentação Requerida

A vencedora deste processo de concorrência deverá apresentar a documentação exigida para cadastro de Fornecedor da www.Onlineshop.net.br, a saber:

- Certidões Negativas do INSS, FGTS e Receita Federal;
- Certidões Negativas de protestos nos estados onde sua empresa possui escritório;
- Cópia Autenticada do estatuto ou contrato social da empresa com todas as alterações dos últimos 12 meses;
- Cópia Autenticada do cartão do CNPJ;
- Cópia Autenticada da procuração das pessoas autorizadas para representar a empresa, na negociação comercial;
- Cópia Autenticada do RG e CPF dos sócios e/ou procuradores.
- Faturamento líquido da empresa, com valores expressos em reais (R$), dos anos de 2000, 2001 e 2002.

IMPORTANTE: Anexar Balanços Patrimoniais e Demonstrativos de Resultados dos anos de 2000, 2001 e 2002.

Estes documentos deverão ser apresentados somente pelo *fornecedor declarado vencedor* no dia útil seguinte à divulgação do resultado deste processo de seleção, exceto para o caso em que o mesmo seja homologado e já tenha atendido às exigências da WWW.ONLINESHOP.NET.BR. Neste caso, o fornecedor deverá, apenas, apresentar os documentos que estejam com data de validade expirada.

Todos os fornecedores deverão preencher a **Ficha Cadastral de Fornecedores**, que se encontra no **ITEM A**, sendo devolvida juntamente com a proposta técnica e comercial e os documentos acima listados.

2.2. Autoridade para Assinatura

A resposta a esta RFP deve ser assinada por pessoa(s) expressamente autorizada(s) para agir em nome da empresa participante. Portanto, ao entregar a proposta devidamente preenchida, incluir documento comprovando a autoridade do assinante.

2.3. Termo de Confidencialidade

Os termos desta RFP e de quaisquer outros documentos relacionados a ela são considerados confidenciais e não poderão ser divulgados a terceiros sem a devida autorização por escrito das partes (www.Onlineshop.net.br e as empresas participantes deste processo).

2.4. Validade da Proposta

Ao atender esta RFP o fornecedor deve estar ciente que sua proposta constitui uma oferta formal de fornecimento e prestação de serviços às empresas www.Onlineshop.com e www.Onlineshop.net.br nos estritos termos e condições especificados nesta RFP, que permanecerá válida pelo período mínimo de 90 (noventa) dias, a partir da data de recebimento da proposta.

2.5. Conteúdo, Vigência e Revisão Contratuais

A fase de negociações não gera obrigações de contratar para a WWW.ONLINESHOP.NET.BR, sendo prerrogativa dos mesmos não concretizar a contratação a seu exclusivo critério.

O contrato a ser celebrado entre as partes terá como base o conteúdo desta RFP. A www.Onlineshop.net.br só se obrigará a adquirir os serviços quando os contratos ou acordos estiverem devidamente negociados e formalizados, lembrando que estes mesmos acordos estarão sujeitos às cláusulas legais constantes do contrato padrão.

Na eventualidade de constatar-se alguma divergência entre as disposições constantes desta RFP e seus anexos e aquelas consignadas no contrato a ser formalizado, prevalecerão as primeiras. O contrato retratará as condições ajustadas durante as negociações, inclusive as sugestões acatadas nos termos do subitem 5.3.

Os produtos oferecidos em resposta à esta RFP deverá incluir Garantia e nível de serviço (SLA) descritos no **ITEM B**.

2.6. Condições de Pagamento

O pagamento dos produtos e serviços e garantias que venham a ser adquirido por força desta negociação serão realizados após 28 (vinte e oito) dias corridos a contar da data de faturamento de cada fase/etapa do projeto, e desde que estas fases se encontrem de acordo com as especificações estabelecidas para o processo, descritas no **ITEM B** e no **ITEM D**. A última parcela somente será paga após o aceite final de todo do projeto pela WWW.ONLINESHOP.NET.BR. O pagamento somente será realizado por intermédio de crédito em conta-corrente mantida pelos fornecedores da WWW.ONLINESHOP.NET.BR e por ela indicada. Estas condições não são objeto de negociação. A nota fiscal/fatura deverá ser entregue juntamente com relatório gerencial físico e em formato digital, contendo a quantidade, especificação dos produtos e serviços entregues/prestados ao grupo.

As notas fiscais e/ou faturas oriundas deste processo deverão ser emitidas em moeda nacional, Reais. Deverão ser entregues (Notas Fiscais/Faturas) no local indicado pela WWW.ONLINESHOP.NET.BR, no prazo máximo de 2 (dois) dias após a entrega da fase/etapa do projeto.

A(s) nota(s) fiscal(is)/fatura(s) apresentada(s) após o prazo estabelecido no subitem anterior, ou que apresente(m) irregularidade(s) ou inconsistência(s) terá(ão) seu(s) vencimento(s) automaticamente prorrogado(s) na mesma proporção do número de dias em atraso e sem quaisquer acréscimos adicionais.

Na hipótese dos preços propostos serem compostos, totais ou parcialmente, por algum item cujo valor esteja vinculado à moeda estrangeira, na forma da legislação brasileira, as empresas participantes, em sua proposta comercial, utilizará, como fator de conversão, a taxa de R$ 3,00 = US$ 1,00, para efeito exclusivo de homogeneização dos preços.

A CONTRATADA poderá, caso necessário, segmentar o faturamento e emissão de documentos fiscais, de forma proporcional, com base na participação do estabelecimento da CONTRATADA fornecedor dos bens e/ou garantia, visando atender a legislação tributária.

2.7. Desvinculação e Capacitação

Ao participar do presente processo, o fornecedor declara estar apto e em condições de prestar os serviços objeto desta RFP, bem como possuir infra-estrutura e recursos adequados para atendimento da contratação.

Dessa forma, é vedado ao fornecedor atrelar qualquer investimento realizado ou a realizar (máquinas, equipamentos, recursos diversos, etc.) aos produtos a serem fornecidos, decorrentes deste processo.

3. Proposta Comercial

3.1. Formato da Proposta

Cada participante deverá apresentar sua proposta comercial no formato constante do **ITEM C** desse documento de cotação.

Esta RFP e seus anexos, devidamente preenchidos, rubricados em todas as páginas, datados e assinados pelo(s) representante(s) legal(is) da empresa participante deverão ser encaminhados à www.Onlineshop.net.br conforme indicado no item 3.3 adiante transcrito, juntamente com uma via gerada em formato digital (arquivo padrão MS-Word ou PDF) gravadas em disquete ou CD-ROM devidamente identificado.

Todo e qualquer custo relacionado ao desenvolvimento desta proposta será de inteira responsabilidade do fornecedor.

3.2. Preços

Os preços apresentados deverão ser finais (inclusos todos os impostos e taxas vigentes na data de apresentação da proposta, além de contemplar todos os encargos, benefícios, insumos, tributos incidentes, transporte, estadia, alimentação, deslocamentos de pessoal, etc.) e expressos em REAIS (R$).

Caso haja a necessidade de intermediação de terceiros para o cumprimento da entrega ou para a prestação de serviço conforme descrito neste documento, os custos e impostos que incidirem sobre a operação deve ser de responsabilidade da CONTRATADA.

Deverão ser apresentados preços finais para cada etapa do serviço e para cada perfil de profissional envolvido.

Também se deve contemplar, no preço final do serviço, a garantia, conforme definido no **ITEM B**.

3.3. Entrega da Proposta

As propostas impressas deverão ser entregues em arquivo digital e em ***envelope lacrado*** **até às 18h (dezoito horas) do dia 30 de Janeiro de 2004, impreterivelmente**, juntamente com todo e qualquer documento concernente ao processo de cotação, especialmente aqueles especificados no item 2.1 deste documento, aos cuidados de João Marques de Almeida.

www.Onlineshop.net.br
A/C: João Marques de Almeida
Rua Desembargador Izidro, nº 40 sala 203
Tijuca
02752-006 - Rio de Janeiro - RJ
(0XX 21) 6738.2222
jmarques@Onlineshop.net.br

3.4. Informações sobre o Projeto

O detalhamento dos serviços a serem contratados encontra-se no **ITEM D** deste documento.

3.5. Responsabilidades da Empresa Contratada

Serão de responsabilidade da empresa contratada todos e quaisquer danos causados à WWW.ONLINESHOP.NET.BR, a funcionários desta e a terceiros, por funcionários e/ou terceiros por ela utilizados na execução do objeto desta RFP ou por falha técnica dos serviços e sistemas fornecidos ou por falta imputável aos técnicos da CONTRATADA. Tal responsabilidade inclui os serviços prestados durante o período de garantia e será disciplinada no contrato de fornecimento, instalação de bens com garantia.

As responsabilidades por ressarcimento decorrentes de eventuais danos na forma acima preconizada observarão a legislação brasileira vigente para a espécie.

4. Processo de Concorrência e Negociação

4.1. Cronograma de Atividades

O processo de concorrência e negociação será dividido em duas fases: a primeira é a tomada preliminar de preços através desta RFP; a segunda, o processo de negociação eletrônica ou negociação direta, individual.

Atividade	Data Limite
Distribuição das RFP	22/01/04
Prazo máximo para apresentação de dúvidas	30/04/04
Prazo máximo para respostas aos fornecedores	05/02/04 e 06/02/04
Retono das propostas ao www.Onlineshop.net.br	12/02/04
Análise das Propostas	14/02/04
Período de Negociação	16/02/03

Cronograma de Visitas/Esclarecimento de dúvidas:

As reuniões/visitas para esclarecimento de dúvidas serão conduzidas nas dependências do www.Onlineshop.net.br e a ordem e horário será por sorteio conduzido pelo Grupo.

Empresas	Data Limite
Empresas A, B, C	05/03/04
Empresas D, E e F	06/03/04

4.2. Avaliação das Propostas e Negociação

Os participantes deverão incluir em suas propostas comerciais todas as informações que sejam relevantes para atender as necessidades da WWW.ONLINESHOP.NET.BR. As respostas incompletas serão interpretadas como impossibilidade de o fornecedor atender aos requisitos exigidos para o adequado atendimento do objeto da proposta.

5 Disposições Finais

5.1. A empresa participante do processo deverá analisar os requisitos do projeto, particularmente as especificações técnicas indicadas neste documento e no **ITEM D**. No caso de ser constatado, pela empresa participante, qualquer inconsistência ou incompatibilidade entre os serviços que estão sendo solicitados no projeto e os itens que constam nos anexos, a empresa deverá propor os ajustes, apontando e justificando tecnicamente as eventuais inconsistências.

5.2. A empresa participante deverá analisar, cuidadosamente, os elementos inerentes a esta cotação, de forma que sejam elucidadas eventuais dúvidas, antes da apresentação das propostas.

5.3. Eventuais pedidos de esclarecimentos pertinentes ao processo de concorrência e cotação deverão ser encaminhados por e-mail, nos endereços eletrônicos jmarques@onlineshop.net.br e mgomes@Onlineshop.net.br aos cuidados de, respectivamente, João Marques de Almeida e Marcelo Vieira Gomes, com assunto (RFP: Migração ACF2 para RACF) "Gestão de Capitalização – Esclarecimentos" até o prazo estabelecido para tal finalidade no item 4.1. As respostas serão encaminhadas a **TODOS OS PARTICIPANTES**, no prazo máximo previsto no mesmo item. Desde já fica estipulado que não haverá alteração no cronograma acima evidenciado.

5.4. As respostas encaminhadas a **todos os participantes** serão consideradas parte integrante desta RFP e deverão ser entregues juntamente com a mesma conforme expresso no item 3.3

5.5. A proposta e todos os documentos enviados em conjunto à www. Onlineshop.net.br farão parte integral do Contrato de Prestação de Serviços a ser celebrado entre as partes.

5.6. Serão realizadas reuniões com fornecedores com data, local e horário pré-definido, a fim de obter maiores esclarecimentos, ficando claro que eventuais negociações não ensejarão a obrigação de contratação dos serviços oferecidos pela empresa.

5.7. A apresentação das Propostas caracterizará aceitação pelas empresas participantes de todos os termos e condições desta RFP e seus anexos.

5.8. Não serão consideradas alegações posteriores da empresa participante de engano no preço, prazo e forma de pagamento ou nos bens e serviços oferecidos.

5.9. Para que não haja prejuízo ao conjunto dos bens e serviços, objeto desta licitação é vedada a cotação de serviço/solução diferente à demandada nesta RFP.

5.10. Pela elaboração e apresentação da Documentação e Proposta Técnica e Comercial, as empresas não terão direito a auferir vantagens, remuneração ou indenização, de qualquer espécie.

5.11. Fica reservada à WWW.ONLINESHOP.NET.BR a faculdade de anular no todo ou em parte, adiar ou revogar, de acordo com seus interesses, esta cotação, mesmo depois de finalizada, sem que caiba às empresas participantes direito a qualquer indenização, reembolso ou compensação.

5.12. A WWW.ONLINESHOP.NET.BR não se obriga a devolver as Propostas apresentadas.

ITEM A - Ficha Cadastral do Fornecedor

Identificação do Fornecedor

Informações Cadastrais					
Razão Social					
Atividade Social ou Tipo de Negócio					
CNPJ		Registro na Junta Comercial			
Endereço					
Cidade		UF		CEP	
Contato Comercial					
Telefones				Fax	
e-mail		Home Page			
Empresa constituída em					
Porte					

Sócios / Acionistas (Principais sócios, acionistas e procuradores. Mencionar no campo Poderes quais documentos pode assinar e se assina isoladamente ou em conjunto com quem, conforme Contrato ou Estatuto Social)

Nome	**Telefone**	**RG**	**CPF**	**Cargo**

Declaro que as informações aqui descritas são corretas.

Rio de Janeiro, ____ de ____________ de 2003.

____

Nome

Identificação dos Contatos

Contato Principal – Devem ser fornecidas as informações do tomador de decisões, a pessoa que poderá apresentar propostas e que tem autorização para assinar pela empresa (é necessário fornecer uma cópia autenticada da procuração ou de uma declaração em papel timbrado da empresa).

Nome	
Cargo	
e-mail	
Telefone principal	
Fax	
Telefone secundário (opcional)	

Contatos Secundários – Devem ser fornecidos dados de uma ou duas pessoas que podem ser contatadas, na ausência ou inacessibilidade do contato principal.

Nome	
Cargo	
e-mail	
Telefone principal	
Fax	
Telefone secundário (opcional)	
Nome	
Cargo	
e-mail	
Telefone principal	
Fax	
Telefone secundário (opcional)	

Dados da Empresa

Razão Social	
Endereço completo	

ITEM B - Obrigações e Responsabilidades

1 - Localidades

Os serviços referentes a esse projeto deverão ser executados nas dependências da www.Onlineshop.net.br na cidade de Rio de Janeiro/RJ.

2 – Avaliação da implantação:

Após a efetiva conclusão da instalação e implantação de cada fase/etapa, a área técnica da www.Onlineshop.net.br comprovará o atendimento aos requisitos técnicos e funcionais exigidos, bem como a aferição do funcionamento global dos sistemas.,

- A avaliação será efetivada no prazo máximo de 5(cinco) dias, contados da data de entrega de cada fase/etapa. Caso a WWW.ONLINESHOP.NET.BR, neste período, não se pronuncie por escrito informando algum desacordo com as especificações ou funcionalidades estabelecidas para o processo, os sistemas serão considerados entregues para efeito de pagamento, não eximindo a contratada da responsabilidade quanto à conformidade do bem contratado.

- Na hipótese de homologação apresentar-se em desacordo com as especificações ou funcionalidades estabelecidas para o processo, ficará facultado à www.Onlineshop.net.br rejeitá-los, conferindo novo prazo para efetivação do teste e/ou aplicar multa facultativa de 1% do valor total da fase/etapa, por dia de atraso, limitado ao máximo de 10%. Após esse prazo, poderá adotar as medidas vigentes no contrato a ser firmado com a empresa fornecedora. A WWW.ONLINESHOP.NET.BR poderá optar, neste caso, por rescindir o contrato.

3 - Condições de garantia, SLA e serviços de manutenção

- Após a conclusão do projeto a empresa deverá prestar o suporte de manutenção no período de garantia para a estabilização do produto RACF. O projeto entregue terá garantia básica, de 90 (noventa) dias (onde os primeiros 45 dias serão realizados onsite e os 45 dias restantes mediante abertura de chamado) contra problemas que impeçam o uso adequado dos ambientes OS/390 MVS/ESA, em razão de falhas na implementação das funcionalidades do produto RACF, comprometendo-se a Contratada a efetuar as correções conforme os níveis de serviço estabelecidos.

- Durante o período de estabilização (90 dias), manter um técnico residente nas instalações do WWW.ONLINESHOP.NET.BR (Período de Garantia).

- Os parâmetros de níveis de disponibilidade serão o tempo de restabelecimento do funcionamento adequado das funcionalidades do produto RACF e dos ambientes OS/390 MVS/ESA, contado a partir do chamado efetuado pela WWW.ONLINESHOP.NET.BR, e a frequência de ocorrência de falhas. Estes parâmetros serão contabilizados e estruturados em tempo de indisponibilidade, pelo qual a CONTRATADA responderá com o pagamento de multas. Para o fim aqui previsto, define-se:

  a. Tempo de Indisponibilidade: tempo decorrido entre o chamado e o completo restabelecimento do sistema.

  b. Valor Base para Cálculo da Multa: valor base da contratação.

  c. Caracterização do Chamado: data e horário a partir do qual o fornecedor seja acionado, através de fac-símile, telefone, BIP, e-mail (Internet), ou diretamente e que estará registrado no Sistema de Problemas da www.Onlineshop.net.br.

  d. Paralisação: paralisação total ou parcial de qualquer ambiente MVS/390, envolvido no projeto, ocasionada por falhas no produto RACF decorrentes de erro na definição das suas funcionalidades que não permitam a plena utilização dos recursos do ambiente MVS/390 conforme os critérios de segurança definidos ao longo do ciclo de vida do projeto;

- A CONTRATADA, por ocasião da prestação dos serviços de manutenção e sob pena de aplicação das sanções respectivas, deverá observar os limites indicados na Tabela representada a seguir:

Ambiente de Produção (Sys 11 e Sys 6)

FAIXA DE INDISPONIBILIDADE (Tempo decorrido contado da abertura do chamado)	MULTA
até 10 minutos	0,20% do valor base
Entre 11 e 20 minutos	0,40% do valor base
Entre 21 e 30 minutos	0,60% do valor base
Acima de 31 minutos	0,80% do valor base

Ambiente de Homologação (Sys 9)

FAIXA DE INDISPONIBILIDADE (Tempo decorrido contado da abertura do chamado)	MULTA
até 15 minutos	0,00% do valor base
Entre 16 e 30 minutos	0,20% do valor base
Entre 31 e 45 minutos	0,40% do valor base
Entre 46 e 60 minutos	0,60% do valor base
Acima de 61 minutos	0,80% do valor base

Ambiente de Desenvolvimento (Sys 7)

FAIXA DE INDISPONIBILIDADE (Tempo decorrido contado da abertura do chamado)	MULTA
Até 30 minutos	0,00% do valor base
Entre 31 e 45 minutos	0,15% do valor base
Entre 46 e 60 minutos	0,30% do valor base
Entre 61 e 75 minutos	0,45% do valor base
Entre 76 e 90 minutos	0,60% do valor base
Acima de 91 minutos	0,75% do valor base

- As manutenções deverão ser realizadas em horário a ser previamente acordado com a www.Onlineshop.net.br.

A CONTRATADA será responsável pelas manutenções (Interfaces, Perfil de usuários e Patches) de todas as funcionalidades do produto RACF, por ela implementados. A CONTRATADA se responsabilizará, também, pela correção de problemas decorrentes da sua implementação e deverá manter por um período de 90 dias um técnico permanente (período de garantia durante a estabilização).

4. Informações adicionais

4.1 Avaliações da Proposta e Negociação

Durante o período de análise das propostas poderão ocorrer contatos com sua empresa para negociações e/ou esclarecimentos. A www.Onlineshop.net.br escolherá a seu exclusivo critério a proposta que melhor lhe atender, podendo ainda anular todo ou em parte a tomada de preços, não cabendo aos proponentes quaisquer direitos, vantagens, reclamações ou indenizações, seja a que título for.

Os participantes deverão incluir em suas propostas comerciais todas as informações que sejam relevantes para atender as necessidades da WWW.ONLINESHOP.NET.BR.

Durante o processo de seleção serão considerados vários fatores, como porte da Empresa, entendimento do escopo, metodologia, qualidade e clareza da proposta, custo e outros fatores que compõem a relação custo / benefício:

Serão considerados na avaliação fatores como:

Quanto ao conteúdo técnico da proposta:

- Adequado entendimento do escopo, ambiente tecnológico e funcionalidades do projeto

- Solução que atenda aos requerimentos descritos

- Metodologia de gestão e desenvolvimento

- Estrutura da equipe do projeto

- Planejamento das etapas e cronograma do projeto
- Composição de equipe com expertise na área de negócio e tecnologia aplicados

Quanto às garantias oferecidas pelo Fornecedor:

- Garantia em relação ao completo atendimento do escopo e do prazo e multa de não atendimento
- Prazo de garantia de manutenção ou correção após instalação ou implantação do sistema
- Condição bilateral de aviso prévio de rescisão do contrato, em caso não cumprimento de condições entre as partes
- Compromisso de confidencialidade em relação às informações da www.Onlineshop.net.br

Quanto às condições comerciais:

- Melhor preço associado à condição de pagamento
- Faturamentos vinculados e proporcionais aos "entregáveis" passíveis de aceite pela área de TI
- Carga horária e custo hora por perfil de profissional de projeto
- Valores com todos os impostos incluídos, especificando os tributos e alíquotas

4.2 Notificações do Resultado

Após a notificação do resultado final o vencedor terá 10 dias corridos para assumir os serviços.

5. Obrigações e responsabilidades

A CONTRATADA será obrigada a:

Os CONTRATANTES franquearão aos funcionários da CONTRATADA, que tenham sido formalmente indicados pela mesma, o acesso às suas instalações

PARA execução dos serviços objetos do presente Contrato. Os funcionários da CONTRATADA ficarão sujeitos às regras de conduta adotadas pelos CONTRATANTES em suas instalações, podendo ter seus acessos impugnados a qualquer tempo pelos CONTRATANTES por conduta inadequada ou falta grave.

Manter, durante toda a execução do presente contrato, todas as condições de qualificação e habilitação técnica, administrativa, financeira e econômica, exigidas quando da contratação;

Confeccionar e repor eventuais perdas da produção se ocorrer omissão, incorreção ou irregularidade de sua responsabilidade. Depois de notificada pela www.Onlineshop.net.br, a CONTRATADA deverá sanar a falha e efetuar a reposição, no máximo, em 24 horas;

Aceitar termos contratuais de garantia de qualidade de serviço a serem definidas pelas partes bem como eventuais sanções por não correspondência aos termos definidos.

A **CONTRATADA** deverá submeter-se a Política de Segurança da Informação da WWW.ONLINESHOP.NET.BR e formalizar sua responsabilidade e o cumprimento por parte de seus funcionários/contratados às cláusulas de sigilo e confidencialidade constantes no Contrato Padrão da www.Onlineshop.net.br. (**ITEM E**)

Responsabilizar-se por quaisquer danos e ou prejuízos causados à www.Onlineshop.net.br, a seus clientes ou a terceiros, em razão da prestação dos serviços objeto deste contrato, por vício ou defeito dos produtos fornecidos, ou ainda por atraso no atendimento.

Responsabilizar-se pelo atendimento de toda a legislação que rege a presente relação jurídica, exonerando a www.Onlineshop.net.br e ressarcindo-lhe, de imediato, as importâncias que este vier a despender, se forem a tanto compelidos por órgão ou repartição pública, Juízo ou Tribunal, ou mesmo por autoridade legitimamente constituída, em virtude de: (a) reconhecimento judicial de vínculo empregatício de empregados da **CONTRATADA** com a www.Onlineshop.net.br; (b) reconhecimento judicial de solidariedade ou subsidiariedade do www.Onlineshop.net.br, ou empresa do mesmo conglomerado econômico, no cumprimento das obrigações trabalhistas, ou previdenciárias, da **CONTRATADA**; (c) multa ou autuação de qualquer espécie aplicada ao www.Onlineshop.net.br em razão do descumprimento, pela **CONTRATADA**, de quaisquer obrigações estabelecidas no presente Contrato.

Apresentar à www.Onlineshop.net.br, quando solicitado, devidamente atualizados, cópia dos documentos comprobatórios da implementação dos procedimentos elaborados com estrita observância dos termos constantes das

Normas Reguladoras relativas ao: (a) Programa da Comissão de Prevenção de Acidentes - CIPA, objetivando a prevenção de acidentes e doenças decorrentes do trabalho - NR-5; (b) Programa de Controle Médico de Saúde Ocupacional - PCMSO/NR7; (c) Programa de Prevenção de Riscos Ambientais--NR-9; (d) Programas descritos nas demais Normas Reguladoras vigentes e aplicáveis a presente contratação.

Apresentar à www.Onlineshop.net.br juntamente com a fatura mensal relativa à prestação de serviços, os seguintes documentos dos empregados designados para a execução dos serviços, relativos ao mês imediatamente anterior ao pagamento em questão: (a) cópia autenticada da folha de pagamento; b) cópia autenticada das respectivas Guia da Previdência Social GPS e da GFIP - Guia de Recolhimento do Fundo de Garantia por Tempo de Serviço e Informações à Previdência Social; (c) cópia autenticada do recolhimento do FGTS.

A **PROPONENTE** desde já autoriza a www.Onlineshop.net.br, em caráter irrevogável e irretratável a, se for o caso, deduzir e reter, da remuneração devida à **CONTRATADA** o valor correspondente às contribuições previdenciárias mensais, referentes ao período contratual e calculada na forma da lei, e efetuar os respectivos recolhimentos, tudo conforme estabelecido na regra legal aplicável.

O descumprimento das obrigações acima mencionadas, caracteriza infração contratual, facultando a www.Onlineshop.net.br a reter pagamentos por ele devido, até a sua plena satisfação, sem que caiba à **CONTRATADA** direito a compensação, reparação ou indenização.

Responsabilizar-se pelo roubo, furto ou extravio de quaisquer documentos, formulários, equipamentos ou objetos pertencentes à www.Onlineshop.net.br, e que estejam sob sua guarda.

Caso a www.Onlineshop.net.br entenda necessário, fica-lhe facultado, independentemente das providências em andamento por parte da **CONTRATADA**, adotar aquelas outras que julgar necessárias à salvaguarda de seus interesses, assim como de seus clientes, não significando com isso que a **CONTRATADA** deva interromper os trabalhos que estiver realizando ou cessar a sua responsabilidade pelo evento.

Integrar a lide, nos termos da legislação processual vigente, excluindo dessa a www.Onlineshop.net.br, por qualquer das obrigações atribuídas contratual ou legalmente à **CONTRATADA**, caso vier a ser acionado judicialmente.

Apresentar à www.Onlineshop.net.br, no ato da contratação, cópia da Certidão Negativa de Débito-CND, expedida pelo INSS, Certidão de Quitação com o FGTS, expedida pela Caixa Econômica Federal, Certidão de Quitação de Tributos Federais, emitida pela Secretaria da Receita Federal, bem como a Certidão quanto à Dívida Ativa da União, expedida pela Procuradoria da Fazenda Nacional, obrigando-se a substituí-las quando dos respectivos vencimentos.

Cumprir, no tocante à atividade exercida, bem como aos serviços ora contratados, todas as determinações legais, sejam fiscais, previdenciárias e trabalhistas, declarando, neste ato o cumprimento das disposições contidas na Constituição Federal, art. 7o., XXXIII, que proíbe, expressamente, o trabalho de menores de 18 anos em atividades noturnas, perigosas ou insalubres e de menores de 16 anos em qualquer trabalho, exceto na condição de aprendiz, a partir de 14 anos.

O descumprimento da obrigação acima evidenciada caracterizará infração contratual grave, facultando à www.Onlineshop.net.br a aplicação das penalidades previstas contratualmente, sem prejuízo da rescisão contratual, sem que caiba à **CONTRATADA**, direito a compensação, reparação ou indenização.

ITEM C - Formato da Proposta

Nome da Empresa Participante:

Os produtos e serviços apresentados atendem a TODAS as especificações técnicas solicitadas nessa cotação? SIM ( ) NÃO ( ) – Quais as especificações não atendidas?

Conteúdo (mínimo) técnico da Proposta:

- Objetivo do projeto ou do serviço.
- Pré-requisitos, cenário atual e benefícios à www.Onlineshop.net.br.
- Diferenciais da Consultoria
- Entendimento da situação atual
- Escopo da solução, amplitude ou funcionalidades oferecidas.
- Metodologia de trabalho
- Organização (estrutura da equipe) do projeto.

- Cronograma com as etapas e carga de trabalho (horas, dias, semanas...).
- Condições e recursos necessários ao serviço e de responsabilidade da www.Onlineshop.net.br.
- Atividades a serem exercidas pela Consultoria e pelo Cliente dentro do projeto.

Garantias oferecidas pelo Fornecedor:

- Garantia em relação ao completo atendimento do escopo e do prazo
- Multas de não atendimento do escopo ou não finalização do trabalho
- Compromisso de confidencialidade em relação às informações

Condições comerciais:

- Condição de pagamento condicionada à aferição e aceite do andamento do projeto
- Valores compostos com carga horária e custo hora por perfil de profissional
- Valores (subtotais) por perfil de profissional e por etapa do projeto

Termo de Aceite das Condições

"Declaramos que aceitamos as condições descritas nesta solicitação de cotação como base para a segunda fase do processo de negociação"

Rio de Janeiro, __ de ________de 2003

____

Nome do Representante Encarregado

ITEM D - Especificações Técnicas dos Serviços

Estão descritos nos anexos abaixo os requerimentos de negócios, cenário atual, ambiente tecnológico, estratégia e metodologia de implantação, funcionalidades a desenvolver e estimativas de recursos.

O prazo máximo de conclusão do projeto de conversão é de até 4 meses da data de início das atividades.

Documentos anexos ao RFP:

M010 – Descrição da situação atual e futura

M020 – Metodologia para Migração

M010 – Situação Atual (ACF2) e Futura (RACF) da Estrutura de Segurança Lógica do Ambiente Mainframe.

Introdução

O escopo do projeto "Racionalização do Ambiente Mainframe", em curso na www.Onlineshop.net.br, contempla a substituição do produto de segurança lógica ACF2 pelo RACF e a consolidação das diversas bases de segurança. A arquitetura do ambiente mainframe do grupo é composta de 06 LPAR: duas de produção, uma de desenvolvimento, uma de homologação e duas de suporte técnico. As figuras 58 e 59 resumem, respectivamente, a situação atual e a situação proposta.

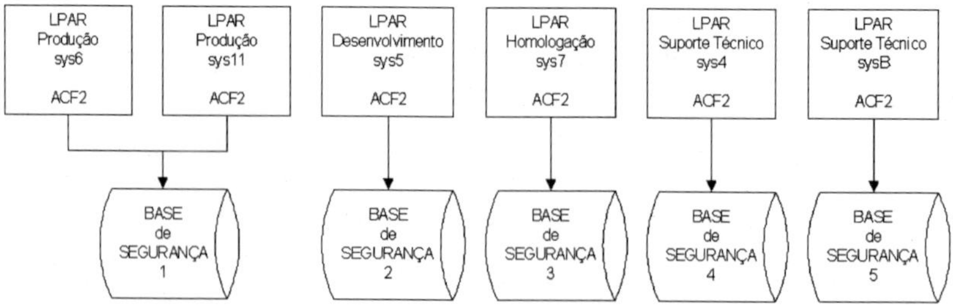

Figura 58

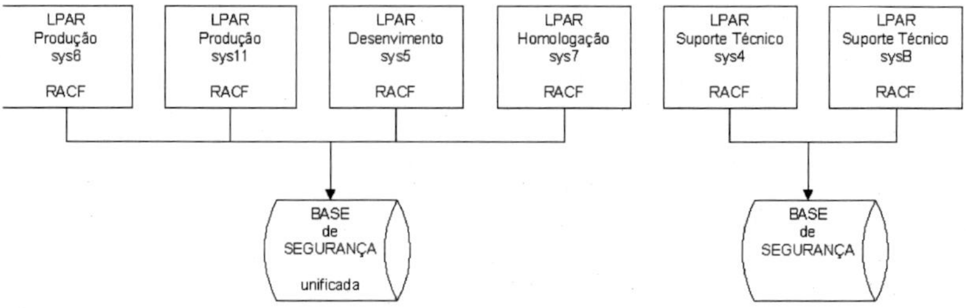

Figura 59

Ao longo do tempo, a tendência é que a base de dados do produto de segurança de uma organização contenha registros desatualizados, tais como: Profiles protegendo arquivos que foram eliminados do sistema, usuários com acesso indevido aos dados, vários Profiles protegendo o mesmo arquivo, entre outras situações.

Portanto, um projeto de conversão do produto de segurança, como o proposto na www.Onlineshop.net.br, é uma excelente oportunidade para otimizar as bases de dados e, consequentemente, proporcionar uma melhor performance do produto de segurança. Neste caso, a estratégia recomendada para a consolidação das diversas bases de dados de segurança é a construção de uma nova base a partir do zero. Reduzindo, assim, os potenciais riscos existentes na conversão das diversas bases de segurança para uma única base.

Planejamento Inicial do Projeto de Conversão

Deverá iniciar com a análise do ambiente atual, construindo um inventário dos recursos de hardware e produtos instalados no ambiente MVS visando identificar quais desses componentes têm interface com o produto de segurança ACF2 e, para cada componente, identificar como o RACF irá oferecer, no mínimo, o mesmo nível de proteção.

Nesta fase, analisa-se o ambiente com o propósito de conhecer o cenário atual e identificar os problemas potenciais, com ênfase nos seguintes pontos:

- Identificar todas as chamadas de rotinas de segurança dentro das aplicações;
- Identificar todos os Produtos cuja “exit” de segurança deva ser alterada;

- Identificar os impactos no Banco de Dados DB2;
- Identificar os impactos em todas as exit utilizadas no ambiente MVS;
- Avaliar e propor uma estrutura funcional (Orgânica) para o RACF;
- Realizar a implantação.

Deverá ser elaborado um conjunto de programas para ajudar no levantamento e entendimento do cenário atual. Os programas devem consultar:

- Bases do ACF2;
- Catálogos da instalação;
- Bibliotecas autorizadas na APF;
- Bibliotecas que estão na linklist;
- Membros da LPA;
- Programas fontes da instalação, entre outros.

O propósito é o de identificar a política atual de segurança e, eventualmente, revelar possíveis falhas existentes na política.

Finalmente, o conjunto das informações geradas por meio desses programas, associado à experiência de profissionais, especialistas no produto RACF, deve produzir os dados necessários para elaborar o roteiro para instalar o produto RACF e construir a nova base de segurança.

Resumindo, recomenda-se uma análise detalhada de todos os produtos, programas ou interfaces que executam funções de segurança. Dependendo do cenário, poderá ser necessário modificar código de programa ou escrever códigos de programas ou exit para oferecer ao usuário final a mesma função disponível com o produto ACF2.

Projeto Conversão de ACF2 para RACF

Deverá ser construído um plano de trabalho tendo como referência às informações identificadas ao longo do levantamento inicial e estabelecer uma equipe para conduzir o projeto cujo perfil é resumido na figura 60.

Recursos da **CONTRATADA** que irão integrar o Projeto de Conversão (figura 60)

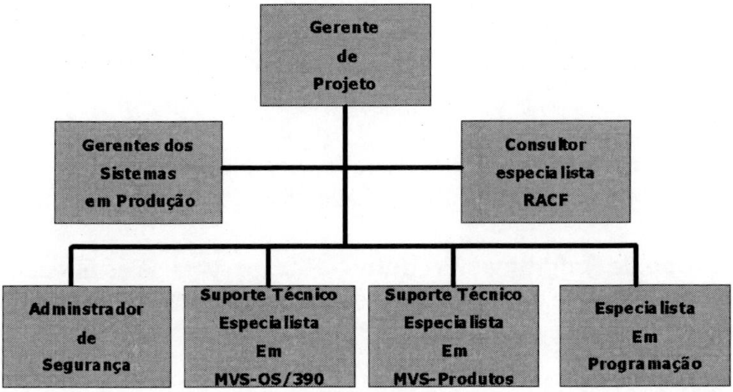

Figura 60

Recursos da WWW.ONLINESHOP.NET.BR que irão integrar o Projeto de Conversão (figura 61)

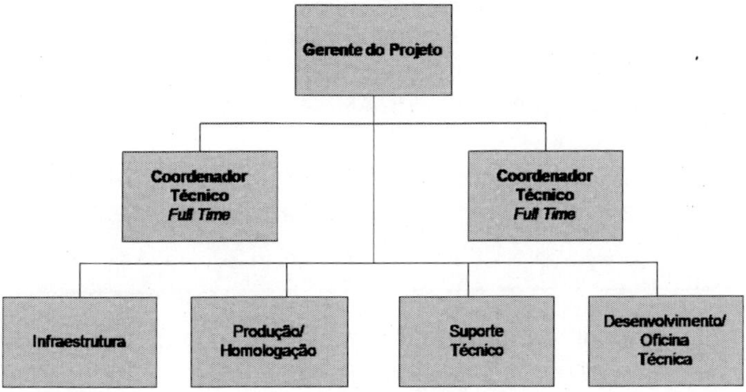

Figura 61

A gestão e o acompanhamento do projeto deverá ser conduzida pela equipe responsável WWW.ONLINESHOP.NET.BR.

As atividades do plano devem estar distribuídas em cinco grupos de atividades, conforme segue:

1 - Grupo de Projeto das Estruturas - Responsável pelas atividades que compõe: a definição das estruturas de grupos do RACF; a definição dos profiles dos usuários, a definição dos profiles de arquivos e profiles de uso geral.

2 - Grupo de Sistema Operacional - Responsável pelas atividades que compõe: a instalação do RACF; e a analise do impacto das mudanças.

3 - Grupo de Programas Produtos - Responsável pelas atividades que compõe: a analise do impacto nos seguintes produtos: CICS, DB2, HSM, SMS, CONTROL/M, Netview, nas ferramentas de multi-sessão, etc.

4 - Grupo de Administração da Segurança - Responsável pelas atividades que compõe: elaborar relatórios de administração da segurança; elaborar relatórios de auditoria; elaborar procedimentos para back-up da base de segurança.

5 - Grupo de Teste, homologação e implantação em produção - Responsável pelas atividades de validação do produto RACF nos ambientes de Suporte Técnico, Desenvolvimento, Homologação e Produção seguindo a Metodologia para a Conversão da Estrutura de Segurança Lógica do Ambiente Mainframe do ACF2 para o RACF, descrita abaixo.

M020 – Metodologia para a Conversão da Estrutura de Segurança Lógica do Ambiente Mainframe do ACF2 para o RACF.

Processo recomendado para garantir a implantação evolutiva do RACF com inicio na LPAR de Suporte Técnico e término na LPAR de Produção utilizando uma base de segurança unificada e contemplando um plano de contingência. *A metodologia a ser utilizada durante o desenvolvimento deste projeto deverá ser a apresentada nesta RFP, conforme descrito abaixo:*

Metodologia de Conversão:

1. LPAR–Suporte Técnico: Instalar o RACF e definir os recursos e usuários; executar IPL utilizando a base RACF; testar e homologar as definições, se homologadas, então encerrar as atividades senão decidir se ativa contingência executando IPL na LPAR utilizando a base ACF2 ou ajustar o ambiente e repetir o processo, conforme mostra a figura 62.

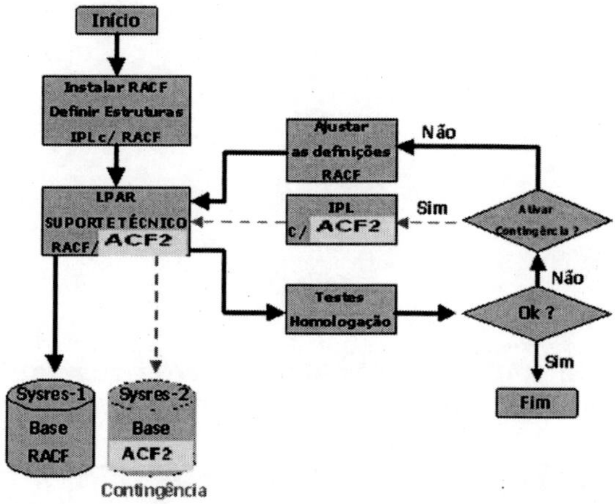

Figura 62

2. LPAR–Desenvolvimento: definir os recursos e usuários via LPAR–Suporte Técnico; testar e homologar as definições, ainda no ambiente de Suporte Técnico, enquanto não estiverem homologadas efetue os ajustes e repita o processo; após concluir a homologação executar IPL na LPAR–Desenvolvimento utilizando a base RACF; testar as definições e se o teste tiver êxito, então encerrar as atividades senão decidir se ativa a contingência executando IPL na LPAR–Desenvolvimento utilizando a base ACF2 ou ajustar o ambiente e repetir o processo, conforme mostra a figura 63.

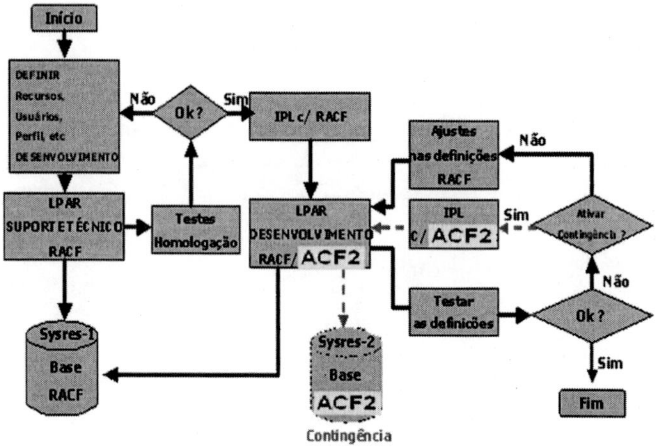

Figura 63

Cenário atual contemplando o Volume e Perfis dos usuários cadastrados no ACF2 na LPAR - DESENVOLVIMENTO

SISTEMA	LPAR - DESENVOLVIMENTO
Perfis	3500
Usuários	7000

3. LPAR–Homologação: definir os recursos e usuários via LPAR–Desenvolvimento; testar e homologar as definições, ainda no ambiente de Desenvolvimento, enquanto não estiverem homologadas efetue os ajustes e repita o processo; após concluir a homologação executar IPL na LPAR–Homologação utilizando a base RACF; testar as definições e se o teste tiver êxito, então encerrar as atividades senão decidir se ativa a contingência executando IPL na LPAR–Homologação utilizando a base ACF2 ou ajustar o ambiente e repetir o processo, conforme mostra a figura 64.

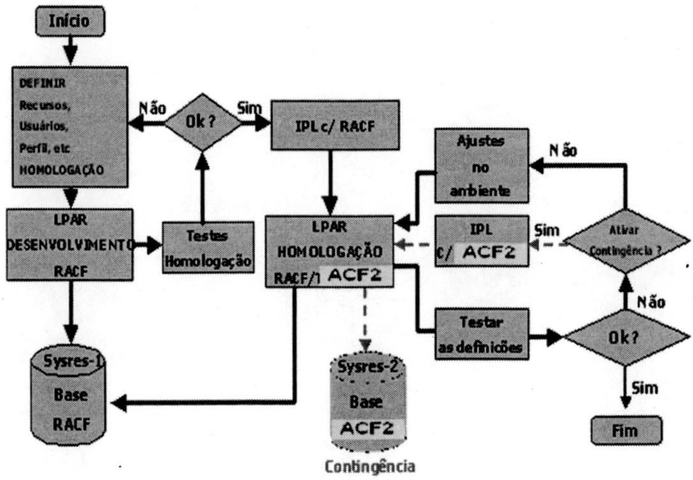

Figura 64

Cenário atual contemplando o Volume e Perfis dos usuários cadastrados no ACF2 na LPAR - HOMOLOGAÇÃO

SISTEMA	LPAR - HOMOLOGAÇÃO
Perfis	2000
Usuários	3000

4. LPAR–Produção: definir os recursos e usuários via LPAR–Homologação; testar e homologar as definições, ainda no ambiente de Homologação, enquanto não estiverem homologadas efetue os ajustes e repita o processo; após concluir a homologação executar IPL na LPAR–Produção utilizando a base RACF; testar as definições e se o teste tiver êxito, então encerrar as atividades senão decidir se ativa a contingência executando IPL na LPAR–Produção utilizando a base ACF2 ou ajustar o ambiente e repetir o processo, conforme mostra a figura 65.

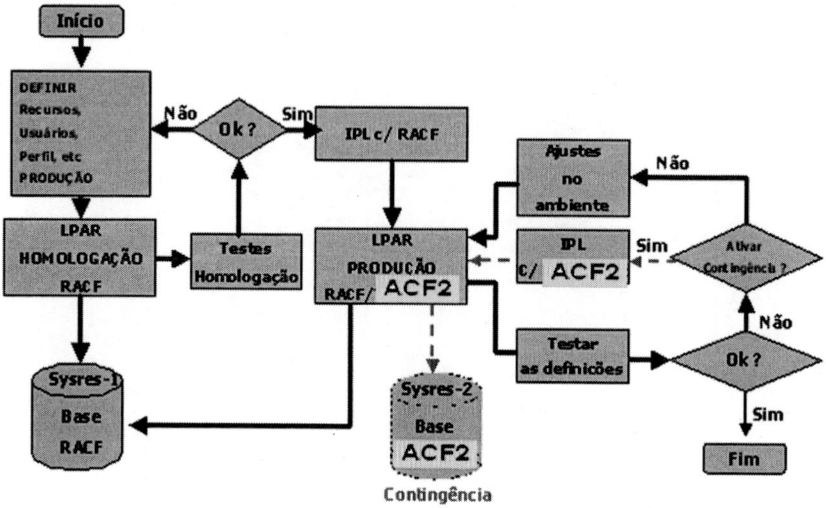

Figura 65

Cenário atual contemplando o Volume e Perfis dos usuários cadastrados no ACF2 na LPAR – PRODUÇÃO

5. **Observação:** Os pré-requisitos para funcionamento desta metodologia são: todos os discos online em todas as LPAR, spool compartilhado e padronização completa dos ambientes (catálogos, alias, dsname, jobname, classes, nome das stc's, entre outros.).

ITEM E - Política de Segurança da Informação

A informação é um importante ativo para as nossas atividades comerciais e para manter nossa vantagem competitiva no mercado. Tal como os ativos da www.Onlineshop.net.br, a informação deve ser adequadamente manuseada e protegida.

A informação pode estar presente em nosso meio de diversas formas, tais como: sistemas de informação, mídia impressa, magnética ou ótica, dispositivos eletrônicos, equipamentos portáteis, microfilmes ou até mesmo através da comunicação verbal.

Na www.Onlineshop.net.br, toda informação gerada ou desenvolvida nas dependências da empresa constitui ativo da organização, essencial à condução de negócios e em última análise, à sua própria existência.

Independentemente de sua forma ou do meio pelo qual é compartilhada ou armazenada, a informação deve ser utilizada unicamente para a finalidade para a qual foi autorizada.

A modificação, divulgação e destruição não autorizadas e oriundas de erros, fraudes, vandalismo, espionagem ou sabotagem causam danos aos negócios.

É missão e responsabilidade de cada colaborador da www.Onlineshop.net.br (funcionário, prestador de serviços, parceiro e visitante) observar e seguir as normas, os padrões e procedimentos estabelecidos para o cumprimento da presente Política de Segurança da Informação. É imprescindível que cada pessoa compreenda o papel da segurança da informação em suas atividades diárias.

Todas as atividades executadas, por meio de seus funcionários, prestadores de serviço e colaboradores, devem observar a legislação vigente e a normatização de entidades governamentais regulatórias, com relação à segurança da informação.

É diretriz corporativa que toda informação de propriedade da www.Onlineshop.net.br seja protegida de riscos e ameaças que possam comprometer a confidencialidade, integridade ou disponibilidade das mesmas.

Para auxiliar a todos os colaboradores nessa missão a área de Segurança da Informação administra as disciplinas de conhecimento que dão suporte a essa ciência. A área de Segurança da Informação é responsável por editar as normas, padrões e procedimentos que apoiam a todos na manutenção da segurança das informações e está preparada para auxiliar na resolução de problemas relacionados ao tema.

Princípios da Segurança da Informação:

As informações e os sistemas de informação devem ser classificados segundo seu nível de confidencialidade e devem ser tratados em conformidade com sua classificação durante sua posse e comunicação a outros funcionários, prestadores de serviço e público em geral.

Todos os sistemas de informação devem possuir um gestor, responsável pela definição da sua correta utilização e por sua segurança. O gestor de cada sistema é o responsável por autorizar o acesso à informação e ao sistema e garantir que a sua utilização está aderente à Política de Segurança.

O usuário é totalmente responsável pela posse e correta utilização de suas senhas e autorizações de acesso a sistemas, assim como pelas ações decorrentes da utilização destes poderes. As senhas de acesso concedidas são pessoais e intransferíveis.

O acesso e uso de todos os sistemas de informação devem ser restritos a pessoas explicitamente autorizadas e de acordo com a necessidade para o cumprimento de suas funções. Acessos desnecessários ou com poder excessivo devem ser imediatamente retirados.

A concessão de acesso às informações e sistemas deve ser autorizada pelo respectivo gestor responsável com base na regra de mínimo acesso necessário para o desempenho da função dos funcionários.

O acesso e uso de recursos de rede, incluindo mensagens eletrônicas e acesso à Internet, devem estar alinhados às atividades de negócio da www.Onlineshop.net.br. O uso esporádico e responsável para fins pessoais é permitido, à medida que não interfira no trabalho do colaborador ou implique em conflito de interesses da www.Onlineshop.net.br.

A utilização de recursos de rede, sistemas e outras fontes de informação será monitorada pela www.Onlineshop.net.br, através de registros de auditoria em computadores, sistemas, mensagens eletrônicas e acessos à Internet, entre outros. Essas informações podem ser coletadas e utilizadas, a critério do Grupo, para a execução de investigações internas ou para o atendimento de medidas judiciais, sem aviso prévio às pessoas envolvidas, respeitando-se, porém, a privacidade de funcionários e colaboradores.

ITEM F - Termo de Responsabilidade

Declaro haver recebido e tomado conhecimento do inteiro teor da Política de Segurança da Informação da www.Onlineshop.net.br. Afirmo que observarei fielmente as instruções e recomendações contidas na mesma e nos Padrões e Procedimentos de Segurança que a apoiam, ciente de que violações às suas normas, padrões e procedimentos, por ação ou omissão, poderão acarretar sanções de caráter civil, penal e trabalhista.

Nome (letra de fôrma) ________________________________

RG ____

CPF ____

Local e data ___________________________________

Assinatura do profissional ___________________________

Este Termo de Responsabilidade deve ser assinado por cada profissional integrante do projeto e pelo responsável da empresa CONTRATADA. Os termos assinados passam a fazer parte do contrato celebrado entre a empresa contratada e a www.Onlineshop.net.br.

Anexo 2

Modelos de SLA

Fornecedor 1

S.L.A. - ACORDO DE NÍVEL DE SERVIÇO

Todas as nossas soluções estão asseguradas pelo nosso S.L.A. - Acordo de Nível de Serviço. Para uma boa utilização dos nossos serviços é importante que você esteja ciente dos seguintes artigos:

1.1) É obrigação do FORNECEDOR1 manter sua rede disponível à acesso externo durante 99,5% do tempo do mês contratual. Entende-se como interrupção do serviço a ocorrência de defeito na rede do FORNECEDOR1 que impossibilite o cliente de acessar seus serviços. Excluem-se da garantia:

Interrupções agendadas com ao menos 2 (dois) dias de antecedência;

Manutenções técnicas e/ou operacionais de emergência;

Falhas de comunicação de acesso de responsabilidade dos fornecedores de conectividade;

Casos fortuitos ou de força maior, como terremotos, guerras e tufões;

Falhas de Hardware;

Erros ou falhas de responsabilidade do cliente ou de empresas não ligadas ao FORNECEDOR 1;

Problemas provenientes de má operação ou não cumprimento de normas estabelecidas pelo FORNECEDOR 1, bem como não observação a padrões de segurança e operação.

1.2) No caso de indisponibilidade dos serviços por um período superior à 99,5% do tempo, o FORNECEDOR1 fornecerá o desconto equivalente a 1 dia de serviço ao CONTRATANTE a cada 3 horas e 43 minutos de indisponibilidade. O número máximo de descontos que o FORNECEDOR1 poderá conceder em um determinado mês contratual está limitado ao montante correspondente a 10 dias do valor contratado, independentemente do número de interrupções ou da duração destas durante o mês contratual.

1.3) Não é de responsabilidade do FORNECEDOR1 , salvo em caso de contratação adicional:

O Suporte técnico relativo a quaisquer dos equipamentos e softwares utilizados pelo cliente;

A administração, configuração, manutenção, monitoramento de serviços ou equipamentos utilizados pelo cliente;

A instalação de equipamentos do cliente no IDC;

O manuseio de usuários e senhas de acesso dos equipamentos dos clientes.

1.4) Na eventualidade de falha de um equipamento do FORNECEDOR1 disponibilizado ao cliente através do serviço de Servidor Dedicado, o FORNECEDOR1 compromete-se a sanar referida falha através de manutenção e/ou substituição do equipamento em até 6 horas a partir do chamado de aviso do cliente. Caso a manutenção não seja efetuada dentro do período acordado, o FORNECEDOR1 fornecerá o desconto equivalente a 1 dia de serviço ao CONTRATANTE a cada 6 horas adicionais de indisponibilidade. O número máximo de descontos que o FORNECEDOR1 poderá conceder em um determinado mês contratual está limitado ao montante correspondente a 10 dias do valor contratado, independentemente do número de falhas ou da duração destas durante o mês contratual.

1.5) O atendimento ao cliente será efetuado conforme descrito abaixo:

Suporte Técnico Emergencial (Reboot de Servidores, Substituição de Peças e correção de problemas que impossibilitam a utilização do serviço contratado): 24 x 7.

Suporte Técnico Básico (Alterações de configurações de rede ou serviços, Alterações no sistema de monitoramento, dúvidas relacionadas ao funcionamento do serviço contratado): Das 9h às 18h, de segunda a sexta feira (exceto feriados).

Suporte Administrativo (Alterações Cadastrais, Agendamentos, Informações sobre cobrança): Das 9h às 18h, de segunda a sexta feira (exceto feriados).

1.6) O Suporte Técnico será prestado via e-mail e tickets, 24 horas por dia, 365 dias por ano. Outras formas de suporte não poderão ser consideradas obrigatórias.

1.7) No caso da contratação de Servidor Virtual ou Revenda, o FORNECEDOR1 não prestará, sob nenhuma hipótese, suporte ao cliente do CONTRATANTE.

Fornecedor 2

Acordo de Nível de Serviço

Todas nossas soluções estão asseguradas pelo nosso S.L.A - Acordo de Nível de Serviço. Para uma boa utilização dos nossos serviços é importante que você esteja ciente dos seguintes artigos:

1.1) É obrigação do FORNECEDOR 2 manter sua rede disponível ao acesso externo durante 99,5% do tempo do mês contratual. Entende-se como interrupção do serviço a ocorrência de defeito na rede do FORNECEDOR 2 que impossibilite o cliente de acessar seus serviços.

Excluem-se da garantia:

- interrupções agendadas com ao menos 2 dias de antecedência;
- manutenções técnicas e/ou operacionais de emergência;
- falhas de comunicação de acesso de responsabilidade dos fornecedores de conectividade;

- casos fortuitos ou de força maior, como terremotos, guerras e tufões;
- falhas de Hardware;
- erros ou falhas de responsabilidade do cliente ou de empresas não ligadas ao FORNECEDOR 2;
- problemas provenientes de má operação ou não cumprimento de normas estabelecidas pelo FORNECEDOR 2, bem como não observação a padrões de segurança e operação.

1.2) No caso de indisponibilidade dos serviços por um período superior à 99,5% do tempo, o FORNECEDOR 2 fornecerá o desconto equivalente a 1 dia de serviço ao CONTRATANTE a cada 3 horas e 43 minutos de indisponibilidade. O número máximo de descontos que o FORNECEDOR 2 poderá conceder em um determinado mês contratual está limitado ao montante correspondente a 10 dias do valor contratado, independentemente do número de interrupções ou da duração destas durante o mês contratual.

1.3) Não é de responsabilidade do FORNECEDOR 2, salvo em caso de contratação adicional:

- O Suporte técnico relativo a quaisquer dos equipamentos e softwares utilizados pelo cliente;
- A administração, configuração, manutenção, monitoramento de serviços ou equipamentos utilizados pelo cliente;
- A instalação de equipamentos do cliente no IDC;
- O manuseio de usuários e senhas de acesso dos equipamentos dos clientes.

1.4) Na eventualidade de falha de um equipamento do FORNECEDOR 2 disponibilizado ao cliente através do serviço de Servidor Dedicado, o FORNECEDOR 2 compromete-se a sanar referida falha através de manutenção e/ou substituição do equipamento em até 6 horas a partir do chamado de aviso do cliente. Caso a manutenção não seja efetuada dentro do período acordado, o FORNECEDOR 2 fornecerá o desconto equivalente a 1 dia de serviço ao CONTRATANTE a cada 6 horas adicionais de indisponibilidade. O número máximo de descontos que o FORNECEDOR 2 poderá conceder em um determinado mês contratual está limitado ao montante correspondente a 10 dias do valor contratado, independentemente do número de falhas ou da duração destas durante o mês contratual.

1.5) O atendimento ao cliente será efetuado conforme descrito abaixo:

- Suporte Técnico Emergencial (Reboot de Servidores, Substituição de Peças e correção de problemas que impossibilitam a utilização do serviço contratado): 24 x 7.

- Suporte Técnico Básico (Alterações de configurações de rede ou serviços, Alterações no sistema de monitoramento, dúvidas relacionadas ao funcionamento do serviço contratado): Das 9h às 18h, de segunda à sexta-feira.

- Suporte Administrativo (Alterações Cadastrais, Agendamentos, Informações sobre cobrança): Das 9h às 18h, de segunda à sexta-feira.

1.6) O Suporte Técnico será prestado via e-mail e tickets, 24 horas por dia, 365 dias por ano. Outras formas de suporte não poderão ser consideradas obrigatórias.

1.7) No caso da contratação de Servidor Virtual ou Revenda, o FORNECEDOR 2 não prestará, sob nenhuma hipótese, suporte ao cliente do CONTRATANTE.

Fornecedor 3

SLA

O FORNECEDOR 3 Hospedagem de Sites, se compromete a manter o "site" hospedado no ar durante 99,5% do tempo a cada mês civil e, caso esse percentual não seja respeitado, conceder ao CONTRATANTE dispensa do pagamento de uma mensalidade na cobrança seguinte, nos exatos termos e condições do SLA (acordo de nível de serviço).

DO ACORDO DE NÍVEL DE SERVIÇO OU SLA (SERVICE LEVEL AGREEMENT)

Partindo-se da premissa de que em prestação de serviços na área de informática não existe garantia integral (100%) de nível de serviço, denomina-se acordo de nível de serviço ou SLA (Service Level Agreement), para efeito do presente contrato, o nível de desempenho técnico do serviço prestado proposto pela CONTRATADA, sendo certo que tal acordo não representa diminuição de responsabilidade da CONTRATADA, mas sim indicador de excelência técnica.

A CONTRATADA, desde que observadas as obrigações a cargo do CONTRATANTE e previstas no presente contrato, tem condição técnica de oferecer e se propõe a manter um SLA (Service Level Agreement - acordo de nível de serviços ou garantia de desempenho) de manutenção no ar do site hospedado, servidores e e-mail, por 99,5 % do tempo, em cada mês civil, ressalvadas as seguintes hipóteses:

a. Falha na conexão ("LINK") fornecida pela Abovenet, Broadwing, Dallas Peering Switch Global Crossing, AT&T e Dallas Public Peering, Sprint, Time Warner, UUNET, Verio, nLayer ou por empresa que a substitua na prestação do serviço, sem culpa da CONTRATADA;

b. Falhas de programação do "site", de responsabilidade do CONTRATANTE, ou sobrecarga do servidor causada por programação não otimizada.

c. As interrupções necessárias para ajustes técnicos ou manutenção que serão informadas com antecedência e se realizarão, preferencialmente, em horários noturnos, de baixo movimento.

d. As intervenções emergenciais decorrentes da necessidade de preservar a segurança do site, destinadas a evitar ou fazer cessar a atuação de "hackers" ou destinadas a implementar correções de segurança (patches).

e. Suspensão da prestação dos serviços contratados por determinação de autoridades competentes, ou por descumprimento de cláusulas do presente contrato.

Anexo 3

Links e Referências de Auditoria de TI e Segurança da Informação

(Observação: Alguns ainda não possuem versões traduzidas para a língua portuguesa, ou seja, são disponibilizados na língua inglesa)

Associações e Órgãos de Classe

- http://www.isaca.org - ISACA - Information Systems Audit and Control Association
- http://www.isaca.org.br - ISACA - Information Systems Audit and Control Association - CapítuloBrasil
- http://www.issa.org - ISSA - Information Systems Security Association

- http://www.issa.org.br - ISSA - Information Systems
- Security Association – Capítulo Brasil

Curso Prático - Auditoria de Sistemas

- http://www.asisonline.org - ASIS - Organization for Physical, Personal Safety and Security professionals
- http://www.acfe.com - ACFE - Association of Certified Fraud Examiners
- http://www.theiia.org - The IIA - The Institute of InternalAuditors
- http://www.iiabrasil.org.br - AUDIBRA - Instituto dos Auditores Internos do Brasil
- http://www.iisfa-network.org/ - IISFA - InternationalInformation Systems ForensicsAssociation
- http://www.ibpbrasil.com.br - Instituto Brasileiro de Peritos em Comércio Eletrônico e Telemática
- http://www.camara-e.net - Câmara Brasileira de Comércio Eletrônico
- http://www.naspa.com - NaSPA - Network and Systems ProfessionalsAssociation
- http://www.ibracon.com.br - Instituto dos Auditores Independentes do Brasil
- https://chapters.cloudsecurityalliance.org/brazil/ - Cloud Security Alliance Brazil Chapter– Boas Práticas de Segurança para Computação em Nuvem
- http://raw.rutgers.edu – Pesquisas e inovações em Auditoria e Monitoria Contínua – ContinuousAuditing&ReportingLab

Frameworks, Normativos e Boas Práticas de Mercado

- http://www.itil-officialsite.com - ITIL (IT Infrastructure Library)
- http://www.isaca.org/cobit - COBIT - Control Objectives for Information and Related Technology
- http://www.bsigroup.com/en/Assessment-and-certification--services/management-systems/Standards-and-Schemes/ISO--IEC-27001 - ISO/IEC 27001 - Information Security
- http://www.27000.org/ - The ISO 27000 Directory
- http://www.iso27001security.com/ - ISO 27000 Security World
- https://www.owasp.org/index.php/Brazilian - OWASP - The Open Web
- Application Security Project – Brazilian Chapter
- http://www.kpmg.com.br/publicacoes/advisory/ras/r_c/SOX_404_perguntas_frequentes(2).pdf - Seção 404 da Lei Sarbanes--Oxley:Certificação dos Controles Internos pela Administração
- http://www.cert.org/octave - OCTAVE® - Operationally Critical Threat, Asset, and Vulnerability Evaluation
- http://cmmiinstitute.com/ - CMMI - Capability Maturity Model Integration for System Development Lifecycle

Meio Acadêmico, Governamental e Militar

- http://dgp.cnpq.br/buscaoperacional/detalhegrupo.jsp?grupo=0074103PZ6GR18- Grupo de Pesquisas de Segurança da Informação- Conselho Nacional de Desenvolvimento Científico e Tecnológico (CNPq)
- http://www.cert.org - CERT Coordination Center – Carnegie Mellon
- http://www.bsi-global.com - British Standard Institution

- http://www.iti.gov.br - Instituto Nacional de Tecnologia da Informação
- https://www.isc2.org - (ISC)2 - InternationalInformation Systems Security Certification Consortium
- http://www.cccure.org - CISSP Open Study Guides
- http://www.nist.gov - NIST - National Institute of Standards and Technology
- http://www.cg.org.br - Comitê Gestor da Internet no Brasil
- http://www.auditnet.org - Internal Audit Resources for Internal Auditors
- http://www.oissg.org - Open Information System Security Group
- http://www.sucesusp.org.br - SUCESU – São Paulo
- http://www.justice.gov/criminal/cybercrime/ - Cybercrime - Computer Crime&IntellectualPropertySection
- http://dsic.planalto.gov.br - Departamento de Segurança da Informação e Comunicações - Governo do Brasil
- http://www.iec.org - International Engineering Consortium
- http://www.cisecurity.org - The Center for International Security
- http://www.ietf.org - The Internet Engineering Task Force
- http://www.nbso.nic.br - NIC BR Security Office
- http://www.safernet.org.br/site - SaferNet Brasil - Protegendo os Direitos Humanos na Sociedade da Informação

Empresas de Consultoria e Serviços

- http://www.deloitte.com.br - Deloitte
- http://www.pwc.com.br - PriceWaterhouseCoopers
- http://www.kpmg.com.br - KPMG

- http://www.ey.com - Ernst & Young
- http://www.modulo.com.br - Módulo Security
- http://www.auditsafe.com.br - Audit Safe Assessoria Empresarial
- http://www.pppadvogados.com.br - Patrícia Peck Pinheiro Advogados
- http://www.opiceblum.com.br - OpiceBlum Advogados Associados
- http://www.daleconsulting.com.br - Dale Consulting

Referências Diversas, Revistas, Blogs e Materiais

- https://www.infosecisland.com - Information Security Island
- http://information-security-resources.com - Information
- Security Resources
- http://www.fernandoferreira.com - Fernando Ferreira
- http://www.rnp.br/cais - Centro de Atendimento a Incidentes de Segurança (CAIS/RNP)
- http://www.csoonline.com - CSO Online - Security and Risk
- http://www.csis.ul.ie/COBOL - COBOL programming - tutorials, lectures, exercises, examples
- http://www.ca.com - Computer Associates
- http://www.gocsi.com - Computer Security Institute
- http://computerworld.uol.com.br/ - Computerworld
- http://mitnicksecurity.com/ - Blog de Segurança do Hacker Mais Famoso dos Anos 90 e 2000 Kevin Mitnick
- http://publibz.boulder.ibm.com/cgi-bin/bookmgr_OS390/Shelves - IBM Library Server Shelves

- http://publibz.boulder.ibm.com/cgi-bin/bookmgr_OS390/library - IBM Library Server® Library
- http://idgnow.uol.com.br/ - IDG Now
- http://www.insecure.org - Insecure.org
- http://www.ipdi.com.br - Inteligência Digital
- http://www.interhack.net/pubs/fwfaq - Internet Firewalls FrequentlyAskedQuestions
- http://www.lsitec.org.br/ - Laboratório de Sistemas Integráveis Tecnológico
- http://www.mainframes.com - Dicionário do Mundo dos Mainframes
- http://www.neworder.box.sk - New Order - the computer & networking security portal
- http://www.protocols.com - Protocols.com
- http://www.cisspzone.com/ - Guias de estudo para o exame CISSP
- http://www.securitymagazine.com.br - Security Magazine
- http://www.all.net/books/standards/bs7799.html - Summary of controls used in BS 7799
- http://social.technet.microsoft.com/Forums/pt-br/category/segpt
- Fórum de segurança TechNet Microsoft
- http://secinf.net - Windows Security

Anexo 4

Resolução dos Exercícios

Resolução - PROBLEMA?

Fazer uma omelete.

Qual a sequência de passos necessária para atingir o objetivo?

Escreva abaixo:

A RESPOSTA!
Passos para Fazer uma Omelete

1. Quebrar ovos
2. Bater ovos
3. Adicionar sal
4. Ligar fogão
5. Adicionar óleo na frigideira
6. Colocar frigideira no fogo
7. Fritar ovos batidos
8. Verificar se está pronto
9. Se sim, desligar o fogão
10. Se não, voltar para o passo 8

Figura 66 Resolução Problema ?

Resolução – Exercício I - Riscos e Ameaças

Grupo de Processos	Processo	SubProcesso	Risco	Impacto	Resquisitos de Segurança			
					Disponibilidade	Confidencialidade	Integridade	Outros
Administrativos	Controle de estoque	Alta e baixa de estoque	Inconsistência de Informações de estoque	Atraso nas entregas, reclamações de clientes	24 horas, 7 dias por semana	Informações devem permanecer confidenciais para a concorrência	Somente pessoal autorizado pode modificar informações	
Administrativos	Contabilidade	Demonstrações financeiras	Demonstrações finaceiras incoerentes	Pagamento de multas frente às fiscalizações	Processo deve ocorrer todo o dia 30 de cada mês	Concorrência poderia se utilizar das informações para entender pontos vulneráveis das contas da empresa	Lançamentos devem ser precisos a fim de evitar reprocessamentos, falhas de conciliação contábil, ajustes manuais nos livros-caixa	
Administrativos	RH	Controle de pessoal	Falta de pagamento de salário dos funcionários	Greves, paradas operacionais	Processo deve realizar-se todo o dia 20	Funcionários não podem ver salários dos colegas	Informações devem ser fidedignas a fim de evitar erros/ reprocessamento	
Administrativos	Faturamento	Controle de vendas faturadas	Atraso no processamento de vendas	Insatisfação de clientes, desistências	Processo deve estar disponível 24 horas, 7 dias por semana	Informação de política de preços e descontos não deve ser fornecida à concorrência	Dados devem ser confiáveis, durante todo o processamento de vendas, evitando cobranças de clientes a valor menor ou maior, e eventuais devoluções de produtos	
Administrativos	Contas a pagar/receber	Controle financeiro	Atrasos de obrigalções de pagamentos a fornecedores	Interrupção de fornecimento de produtos	Processo deve estar on-line de Segunda à Sexta das 8 às 17hs.	Negociação/ Descontos com determinado fornecedor são específicos e não podem ser divulgados à concorrência	Informações devem ser precisas e pagamentos executados no prazo acordado	

Resolução - Exercício II - Técnicas de entrevista de auditoria

Lembre-se dos Riscos que enumeramos no exercício I. Ativos e Ameaças

Escolha um dos processos abaixo e formule 10 perguntas referentes aos processos:

- Contabilidade (demonstrações financeiras)
- RH (controle de pessoal)
- Faturamento (controle de vendas faturadas)
- Estoque (controle de estoque)
- Contas a pagar/receber (controle de pagamentos)

Tenha em mente a razão pela qual escolheu a pergunta.

Com base nos seguintes checklists de auditoria abaixo:

- Backup
- Segurança Física
- Inventário e Descarte de Equipamentos
- Gerenciamento de Mudanças
- Administração da Base de Dados
- Operação
- Internet
- Concessão de Acesso
- Desenvolvimento
- Classificação das informações
- Conexão remota e Rede
- Plano de Contingência

- Planejamento de Capacidade
- Help Desk/ Service Desk
- Gestão de Incidentes e Problemas
- Processamento em lote (Batch)
- Treinamento em TI
- Planejamento Estratégico em TI e Segurança
- Avaliação e Gestão de Risco
- Acordo de Nível de Serviço - SLA

Processo Escolhido: Contabilidade

Perguntas:

1. Qual o prazo de guarda das fitas de backup? Obedece ao prazo de 5 anos (demonstrações financeiras) ?
2. Quantos níveis de acesso (crachá, biometria) são necessários para acesso ao CPD ?
3. Como são armazenados e descartados equipamentos não mais úteis ? O que acontece com os discos rígidos?
4. Qual o processo para instalar uma nova versão do sistema de contabilidade no servidor ?
5. Quem possui a senha de acesso MASTER do banco de dados do sistema ?
6. Existem procedimentos diferentes na operação quando na data de fechamento contábil? Como proceder em caso de paradas sistêmicas?
7. Como são documentados os projetos de sistemas? Depende apenas do conhecimento do analista ?
8. Quem tem acesso aos módulos de aprovação contábil e revisão do balancete ?
9. Quanto tempo leva para restaurar o backup? E em caso de fechamento contábil (dia 30)?

10. Existe contrato de suporte técnico com o fornecedor do sistema de contabilidade?

Processo Escolhido: RH

Perguntas:

1. Qual o prazo de guarda das fitas de backup? Obedece ao prazo de 30 anos (ex: dados de FGTS de funcionários) ?
2. Quantos níveis de acesso (crachá, biometria) são necessários para acesso ao CPD ?
3. Como são armazenados e descartados equipamentos não mais úteis? O que acontece com os discos rígidos?
4. Qual o processo para instalar uma nova versão do sistema de RH no servidor ?
5. Quem possui a senha de acesso MASTER do banco de dados do sistema?
6. Existem procedimentos diferentes na operação quando na data de fechamento da folha de pagamento (dia 20) ? Como proceder em caso de paradas sistêmicas?
7. Como são documentados os projetos de sistemas? Depende apenas do conhecimento do analista ?
8. Quem tem acesso aos módulos de consulta de salário, aprovação da folha e controle de benefícios de funcionários?
9. Quanto tempo leva para restaurar o backup? E em caso da folha de pagamento (dia 20)?
10. Existe contrato de suporte técnico com o fornecedor do sistema de Recursos Humanos?

Processo Escolhido: Faturamento

Perguntas:

1. Qual o prazo de guarda das fitas de backup? Obedece ao prazo de 5 anos (ex: demonstrações financeiras/ contestações de clientes)?
2. Quantos níveis de acesso (crachá, biometria) são necessários para acesso ao CPD ?
3. Como são armazenados e descartados equipamentos não mais úteis? O que acontece com os discos rígidos?

4. Qual o processo para instalar uma nova versão do sistema de Faturamento no servidor?
5. Quem possui a senha de acesso MASTER do banco de dados do sistema?
6. Quais os procedimentos para evitar paradas (disponível 24 X 7) no sistema de faturamento? Balanceamento de Carga ? Contingência de Servidor em locais diferentes ?
7. Como são documentados os projetos de sistemas? Depende apenas do conhecimento do analista ?
8. Quem tem acesso aos módulos de aprovação de pedidos e acompanhamento de exceções?
9. Quem monitora o desempenho do ambiente ? Como, periodicidade e com quais ferramentas ?
10. Existe contrato de suporte técnico com o fornecedor do sistema de Faturamento ?

Processo Escolhido: Estoque

Perguntas:

1. Qual o prazo de guarda das fitas de backup? Obedece ao prazo de 5 anos (ex: demonstrações financeiras/ contestações de clientes)?
2. Quantos níveis de acesso (crachá, biometria) são necessários para acesso ao CPD ?
3. Como são armazenados e descartados equipamentos não mais úteis? O que acontece com os discos rígidos?
4. Qual o processo para instalar uma nova versão do sistema de Estoque no servidor?
5. Quem possui a senha de acesso MASTER do banco de dados do sistema?
6. Quais os procedimentos para evitar paradas (disponível 24 X 7) no sistema de estoque ? Balanceamento de Carga ? Contingência de Servidor em locais diferentes?
7. Como são documentados os projetos de sistemas? Depende apenas do conhecimento do analista?
8. Quem tem acesso aos módulos de inclusão, baixa de material e níveis de estoque ?

9. Quem monitora o desempenho do ambiente ? Como, periodicidade e com quais ferramentas ?
10. Existe contrato de suporte técnico com o fornecedor do sistema de Estoque ?

Processo Escolhido: Contas a Pagar/Receber

Perguntas:

1. Qual o prazo de guarda das fitas de backup? Obedece ao prazo de 5 anos (ex: demonstrações financeiras/ contestações)?
2. Quantos níveis de acesso (crachá, biometria) são necessários para acesso ao CPD ?
3. Como são armazenados e descartados equipamentos não mais úteis? O que acontece com os discos rígidos?
4. Qual o processo para instalar uma nova versão do sistema de Contas a Pagar/Receber no servidor?
5. Quem possui a senha de acesso MASTER do banco de dados do sistema?
6. Quais os procedimentos para evitar paradas (disponível 24 X 7) no sistema de faturamento? Balanceamento de Carga ? Contingência de Servidor em locais diferentes ?
7. Como são documentados os projetos de sistemas? Depende apenas do conhecimento do analista ?
8. Quem tem acesso aos módulos de aprovação de lançamentos e fechamento contábil?
9. Quem monitora o desempenho do ambiente ? Como, periodicidade e com quais ferramentas ?
10. Existe contrato de suporte técnico com o fornecedor do sistema de Contas a Pagar/Receber ?

Resolução - Exercício III – Request for Proposal

Examine a RFP de migração de tecnologias na onlineshop.net.br - **Anexo - 1 Modelo de RFP** e identifique se os itens mencionados abaixo estão contemplados:

Introdução – Objetivo da Contratação

Item 1 – Objetivos da Onlineshop.netr.br

Justificativa: *Estratégia da Onlineshop com plano de ação à realização da respectiva migração e razões de negócio*

Escopo – Qual é o Serviço Oferecido

ITEM C – Formato da Proposta

Justificativa: *Descrição da especificação técnica dos serviços a serem descritos nas propostas apresentadas pelos fornecedores.*

Escopo – Perímetro

ITEM D - Especificações Técnicas dos Serviços - M020 – Metodologia para a Conversão da Estrutura de Segurança Lógica do Ambiente Mainframe do ACF2 para o RACF.

Justificativa: *Descrição técnica do ambiente a ser abordado.*

Escopo – Volumes e Baseline

ITEM D - Especificações Técnicas dos Serviços - M020 – Metodologia para a Conversão da Estrutura de Segurança Lógica do Ambiente Mainframe do ACF2 para o RACF.

Justificativa: *Descrição do ambiente, perfis e usuários a serem migrados com a solução.*

Minuta de Contrato

ITEM C – Formato da Proposta

Justificativa: *Recomendações para composição da minuta de contrato da proposta.*

Forma de apuração do Preço

Item 3. Proposta Comercial

- 3.2. Preços

Justificativa: *Declaração da composição de preços, impostos, encargos e taxas envolvidos.*

Indicadores de Desempenho

ITEM B - Obrigações e Responsabilidades - 2 – AVALIAÇÃO DA IMPLANTAÇÃO

Justificativa: Taxas de indisponibilidade e multas % sobre o valor base

Resolução - Exercício IV – Matriz de Riscos de Implantação

Preencher a matriz de risco para um projeto de implantação de novos servidores de internet, escolha 3 itens abaixo:

1. Mídias de backup com problemas de gravação;
2. Sobrecarga de transações de clientes nos servidores internet;
3. Incompatibilidade de versões de software de sistema operacional e aplicativo;
4. Queda ou sobrecarga de energia elétrica;
5. "Crash" de discos rígidos (HD);
6. Problemas de hardware (servidores. placas de rede,...);
7. Rotinas de backup não agendadas corretamente;
8. Queda de conexões à rede de dados;
9. Regras de firewall (perímetro lógico) mal configuradas permitindo acesso irrestrito via ftp (transferência de arquivos)/ telnet (conexão direta) à rede internet;
10. Conta de administrador com senha padrão.

Objetivos Chave com a implantação:

- Processamento intermitente de pedidos com disponibilidade 24X7 (24 h, 7 dias semana);
- Impossibilidade contestações das compras por clientes, por transações interrompidas pela metade;
- Segurança contra Hackers.

Instruções de Preenchimento da Matriz de Riscos

No. do Risco: Um número inteiro positivo utilizado para identificar um risco.

Risco: Descrição de um risco que possa prejudicar a implantação no planejamento de custo, objetivos ou desempenho.

Impacto: Caso o risco materialize o impacto e consequências na implantação do aplicativo. Sendo de C, S, a Mo. As definições destas categorias são específicas a cada implantação:

- **C (crítico):** Se o evento do risco ocorre, a aplicação falhará. As exigências aceitáveis mínimas não serão cumpridas.

- **S (sério):** Se o evento do risco ocorre, o programa encontrará aumentos principais do custo/implantação. As exigências aceitáveis mínimas serão cumpridas. A maioria de exigências secundárias não podem ser cumpridas.

- **Mo (moderado):** Se o evento do risco ocorre, a aplicação encontrará aumentos moderados do custo/implantação. As exigências aceitáveis mínimas serão cumpridas. Algumas exigências secundárias não podem ser cumpridas.

- **Me (menor):** Se o evento do risco ocorre, o programa encontrará pequenos aumentos do custo/implantação. As exigências aceitáveis mínimas serão cumpridas. A maioria de exigências secundárias serão cumpridas.

- **In (insignificante):** Se o evento do risco ocorre, não terá nenhum efeito no programa. Todas as exigências serão **cumpridas.**

Probabilidade(%): A probabilidade de ocorrência é uma avaliação subjetiva da equipe de implantação de que um risco pode acontecer. Estimar a probabilidade da ocorrência pode ser difícil na prática, mas o que importa realmente é a ordem das estimativas dos riscos :

- 0-10%: muito improvável o risco ocorrerá
- 11-40%: improvável o risco ocorrerá
- 41-60%: mesmo a probabilidade o risco ocorrerá
- 61-90%: provavelmente o risco ocorrerá
- 91-100%: muito provavelmente o risco ocorrerá

Recurso (Tecnológico) Empregado: Lista de tecnologias disponíveis para mitigar cada risco mencionado.

Gerenciamento do Risco: A estratégia para gerenciar/mitigar o risco mencionado.

No. Risco	No. Risco Relacionado	Descrição do RISCO	Impacto	Probalidade (%)	Prioridade	Recurso (Tecnológico) Empregado	Gerenciamento do Risco
2	8	Sobrecarga de transações de clientes nos servidores internet	S	20	Alta	Balanceamento de Carga aos servidores Internet	Contigenciamento das transações entre Servidores
8	2	Queda de conexões à rede de dados	C	50	Alta	Contratar contigência de link Internet	Contigenciamento das conexões à Internet
10	N/A	Conta da administrado com senha padrão	Mo	100	Média	Impedir a utilização de senha padrão	Desenhar política para gestão de usuários e contas de acesso

Resolução - Exercício V – Formulário de RfC

Preencher a *RfC – Request for Change*/Solicitação de Mudança com dados do projeto de implantação de novos servidores de internet. Utilize os riscos considerados na matriz de Riscos.- Exercício IV.

<table>
<tr><th colspan="5">Formulário - RfC - Solicitação de Mudança</th></tr>
<tr><td>#</td><td>RfC10258</td><td>Área responsável</td><td colspan="2"></td></tr>
<tr><td colspan="2">Data de Envio</td><td colspan="3">12 de Abril de 2009</td></tr>
<tr><td colspan="2">Breve descrição da Mudança</td><td colspan="3">Implantação de novos servidores Internet com<ul><li>Processamento intermitente de pedidos com disponibilidade 24x7 (24 h, 7 dias semana);</li><li>Impossibilidade contestações das compras por cliente, por transações interrompidas pela metade;</li><li>Segurança contra Hackers.</li></ul></td></tr>
<tr><td colspan="2">Razão para a mudança</td><td colspan="3">Melhor desempenho de site internet para o recebimento de pedidos de venda.</td></tr>
<tr><td colspan="2">Áreas Afetadas</td><td colspan="3">Tecnologia da Informação, Vendas, Faturamento, Segurança da Informação</td></tr>
<tr><th colspan="5">Riscos Identificados à Mudança</th></tr>
<tr><td>Descrição do RISCO</td><td>Impacto</td><td>Probalidade (%)</td><td>Recurso (Tecnológico) Empregado</td><td>Gerenciamento do Risco</td></tr>
<tr><td>Sobrecarga de transações de clientes nos servidores internet</td><td>S</td><td>20</td><td>Balanceamento de Carga aos servidores Internet</td><td>Contingenciamento das transações entre Servidores</td></tr>
<tr><td>Queda de conexões à rede de dados</td><td>C</td><td>50</td><td>Contratar contingência de link Internet</td><td>Contingenciamento das conexões à Internet</td></tr>
<tr><td>Conta de administrador com senha padrão</td><td>Mo</td><td>100</td><td>Impedir a utilização de senha padrão</td><td>Desenhar política para gestão de usuários e contas de acesso</td></tr>
<tr><th colspan="5">Calendário Sugerido para a Implantação</th></tr>
<tr><td>Data/Hora</td><td colspan="4">Tarefas</td></tr>
<tr><td>25/04/2009 18:00</td><td colspan="4">Instalação de sistema operacional</td></tr>
<tr><td>25/04/2009 21:30</td><td colspan="4">Instalação de aplicativos</td></tr>
<tr><td>25/04/2009 23:30</td><td colspan="4">Configuração de IPS</td></tr>
<tr><td>26/04/2009 02:00</td><td colspan="4">Homologação Final</td></tr>
</table>

Recursos adicionais para a implantação
Envolvimento das equipes de Telecomunicações e Faturamento para a realização de testes finais antes da finalização.
Parada programada da aplicação Internet de vendas para a integração dos novos servidores.

Resolução - Exercício VI – Estudo de caso SLA

Item Básico SLA	Fornecedor_01 S/N	Fornecedor_02 S/N	Fornecedor_03 S/N	OBS
Duração do acordo/ contrato	N	N	N	Não há qualquer item descrevendo vigência do contrato.
Escopo da cobertura dos serviços	S	S	S	Escopo definido em todos os fornecedores
Abrangência dos serviços fornecidos que são cobertos pelo SLA	S	S	S	Sim, hospedagem de Site e Disponibilidade de Serviços.
Disponibilidade dos Serviços	S	S	S	Todos descrevem taxas % de disponibilidade de serviços contratados.
Tempos de Resposta	S	S	N	Fornecedor 1 e 2 comprometem-se em sanar o problema em até 6hs (item 1.4)
As prioridades quando múltiplos incidentes tem de ser atendidos pelo fornecedor.	N	N	N	Nenhum fornecedor define prioridade em atendimento em caso de incidentes, nem mesmo se este serviço teria um valor adicional.
Escalonamento dos incidentes quando uma falha não pode ser ajustada dentro dos tempos de resposta pré determinados	N	N	N	Nenhum fornecedor define escalonamento de incidentes quando não tratados no tempo adequado.
Os registros de incidentes, atendimento e desempenho	S	S	N	Modalidade de suporte (emergencial, básico e administrativo) informada pelos fornecedores 1 e 2.
Avaliação de desempenho e satisfação do usuário	N	N	N	Nenhum fornecedor define isso
Obrigações do Cliente e Fornecedor	S	S	N	Fornecedor 3 apenas define a limitação de responsabilidade pela eventual indisponibilidade do site.
Cláusulas prevendo a interrupção definitiva das atividades do fornecedor por inadequação dos serviços, força maior, etc.	N	N	S	Apenas fornecedor 3 fala sobre cláusulas de interrupção de serviços por força maior ou não cumprimento (item e).

Resolução - Exercício VII – Perfis de Acesso

Tarefa:

Verificar se as regras de segregação de funções, conforme definido nos papéis e responsabilidades abaixo, estão implantadas.

Lista de Perfis de Acesso:

Perfil	Área	Cargo	Localidade
Formalizar Proposta Venda	Vendas	Vendedor	Filial
Conceder Desconto Venda	Vendas	Gerente Filial	Filial
Inserir Lançamento Contábil Filial	Contabilidade	Gerente Filial	Filial
Entrar Item Estoque Filial	Logística	Gerente Filial	Filial
Relatório de Vendas Filial	Vendas	Gerente Filial	Filial
Inserir Lançamento Contábil Matriz	Contabilidade	Auxiliar Contábil	Matriz
Fechar Contabilidade	Contabilidade	Gerente Contábil	Matriz
Conciliar Estoque Filiais	Logística	Gerente Logística	Matriz
Inserir Conta a Pagar	Contas a Pagar	Auxiliar Contas a Pagar	Matriz
Inserir Conta a Receber	Contas a Receber	Auxiliar Contas a Receber	Matriz
Aprovar Contas a Pagar/ Receber	Contas a Pagar/ Receber	Gerente Contas a Pagar/ Receber	Matriz
Fechar Folha de Pagamento	RH	Gerente RH	Matriz
Gerar Relatórios Contábeis	Contabilidade	Gerente Contábil	Matriz
Renegociar Dívida de Cliente	Recuperação de Crédito	Auxiliar Recuperação Crédito	Matriz

Passo 1 – Obter os arquivos para avaliação

- Acessos ao Sistema ERP
- Perfis e Transações de Acesso
- Filiais
- Arquivo de Recursos Humanos

Passo 2 – Verificar se as Regras de Segregação de Funções abaixo estão sendo seguidas.

Passo 3 - Verificar se existem demitidos na base de Acessos ao Sistema.

Passo 4 - Emitir Recomendações aos problemas identificados.

Resolução:

Passo 1 – Obter os arquivos para avaliação.

Arquivo Acessos ao Sistema ERP

Campos:

- **Funcional:** número cadastro do empregado
- **Perfil:** de acesso atribuído a esse empregado

Acessos ao ERP : Tabela

Funcional	PERFIL
398301	Formalizar Proposta Venda
39725	Formalizar Proposta Venda
102471	Formalizar Proposta Venda
757856	Formalizar Proposta Venda
973614	Formalizar Proposta Venda
734489	Formalizar Proposta Venda
714635	Conceder Desconto Venda
858198	Inserir Lancamento Contábil Filial
750490	Entrar Item Estoque Filial
228447	Relatório de Vendas Filial
770404	Formalizar Proposta Venda
543884	Entrar Item Estoque Filial
768862	Entrar Item Estoque Filial
439287	Conceder Desconto Venda
327170	Conceder Desconto Venda
247358	Inserir Lancamento Contabil Matriz
551845	Conceder Desconto Venda
634791	Conceder Desconto Venda
669217	Conceder Desconto Venda
642244	Conceder Desconto Venda
322149	Conceder Desconto Venda
589138	Conceder Desconto Venda
473804	Conceder Desconto Venda
275984	Conceder Desconto Venda
499848	Conceder Desconto Venda
667557	Conceder Desconto Venda
734331	Conceder Desconto Venda
782046	Conceder Desconto Venda
779170	Conceder Desconto Venda

Registro: 1 de 14739

Figura 67 Acessos ao Sistema ERP

Arquivo Perfis e Transações de Acesso

Campos:

- **Perfil:** de Acesso existente no Sistema
- **Área:** a qual esse perfil deveria ser atribuído

- **Cargo:** ao qual esse perfil deveria ser atribuído
- **Localidade:**a qual esse perfil deveria ser atribuído

Lista Perfis : Tabela

Perfil	Area	Cargo	Localidade
Formalizar Proposta Venda	Vendas	Vendedor	Filial
Conceder Desconto Venda	Vendas	Gerente Filial	Filial
Inserir Lancamento Contábil Filial	Contabilidade	Gerente Filial	Filial
Entrar Item Estoque Filial	Logistica	Gerente Filial	Filial
Relatório de Vendas Filial	Vendas	Gerente Filial	Filal
Inserir Lancamento Contabil Matriz	Contabilidade	Auxiliar Contabil	Matriz
Fechar Contabilidade	Contabilidade	Gerente Contabil	Matriz
Conciliar Estoque Filiais	Logistica	Gerente Logistica	Matriz
Inserir Conta a Pagar	Contas a Pagar	Auxiliar Contas a Pagar	Matriz
Inserir Conta a Receber	Contas a Receber	Auxiliar Contas a Receber	Matriz
Aprovar Contas a Pagar/Receber	Contas a Pagar/Receber	Gerente Contas a Pagar/Receber	Matriz
Fechar Folha de Pagamento	RH	Gerente RH	Matriz
Gerar Relatórios Contábeis	Contabilidade	Gerente Contabil	Matriz
Renegociar Dívida de Cliente	Recuperação de Crédito	Auxiliar Recuperação Crédito	Matriz

Figura 68 Perfis e Transações de Acesso

Arquivo Filial

Campos:

- **#:** código da Filial
- **Filial:** Nome da Filial

Filiais : Tabela

#	Filial
1	MATRIZ
2	SANTOS
3	CATANDUVA
4	BAURU
5	BRAS
6	AVARE
7	CAMPO GRANDE
8	ARACATUBA
9	BARRA DO TURVO
10	BORA
11	CASSIA DOS COQUEIROS
12	FLORA RICA
13	GABRIEL MONTEIRO
14	IPORANGA
15	ITAPURA
16	LAVRINHAS
17	SANTA ALBERTINA
18	SANTA ERNESTINA
19	STO ANTONIO ALEGRIA
20	S LUIS DO PARAITINGA
21	SETE BARRAS
22	FREGUESIA DO O
23	VILA GALVAO
24	NOSSA SRA DO SABARA
25	NOVA CACHOEIRINHA
26	SAO MIGUEL PAULISTA
27	AMOREIRAS
28	GENERAL CARNEIRO
29	BOQUEIRAO

Registro: 5 de 275

Figura 69 Filiais

Arquivo de Recursos Humanos

Campos:

- **Funcional:** número cadastro do empregado
- **Nome:** do empregado

- **Área:** do empregado
- **Cargo:** do empregado
- **Data Admissão:** do empregado
- **Data Demissão:** do empregado
- **Filial:** Código da Filial

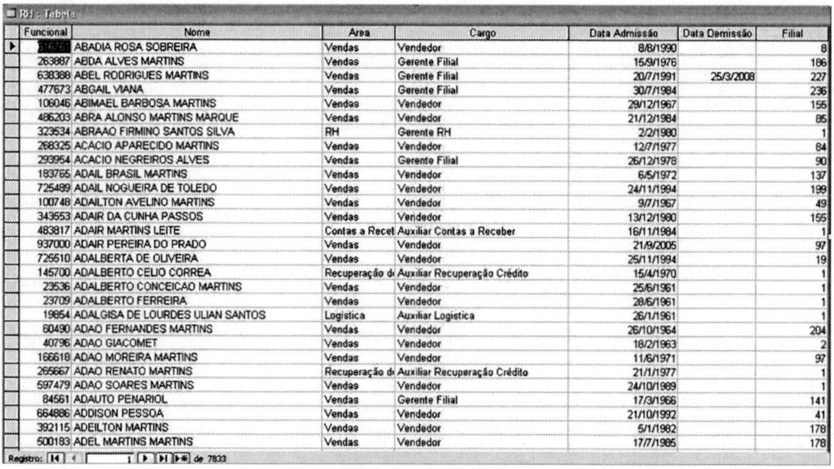

RH : Tabela

Funcional	Nome	Area	Cargo	Data Admissão	Data Demissão	Filial
516781	ABADIA ROSA SOBREIRA	Vendas	Vendedor	8/8/1990		8
263887	ABDA ALVES MARTINS	Vendas	Gerente Filial	15/9/1976		186
638388	ABEL RODRIGUES MARTINS	Vendas	Gerente Filial	20/7/1991	25/3/2008	227
477673	ABGAIL VIANA	Vendas	Gerente Filial	30/7/1984		236
106046	ABIMAEL BARBOSA MARTINS	Vendas	Vendedor	29/12/1967		155
486203	ABRA ALONSO MARTINS MARQUE	Vendas	Vendedor	21/12/1984		85
323534	ABRAAO FIRMINO SANTOS SILVA	RH	Gerente RH	2/2/1980		1
268325	ACACIO APARECIDO MARTINS	Vendas	Vendedor	12/7/1977		84
293954	ACACIO NEGREIROS ALVES	Vendas	Gerente Filial	26/12/1978		90
183765	ADAIL BRASIL MARTINS	Vendas	Vendedor	6/5/1972		137
725489	ADAIL NOGUEIRA DE TOLEDO	Vendas	Vendedor	24/11/1994		199
100748	ADAILTON AVELINO MARTINS	Vendas	Vendedor	9/7/1967		49
343553	ADAIR DA CUNHA PASSOS	Vendas	Vendedor	13/12/1980		155
483817	ADAIR MARTINS LEITE	Contas a Recet	Auxiliar Contas a Receber	16/11/1984		1
937000	ADAIR PEREIRA DO PRADO	Vendas	Vendedor	21/9/2005		97
725510	ADALBERTA DE OLIVEIRA	Vendas	Vendedor	25/11/1994		19
145700	ADALBERTO CELIO CORREA	Recuperação d	Auxiliar Recuperação Crédito	15/4/1970		1
23536	ADALBERTO CONCEICAO MARTINS	Vendas	Vendedor	25/6/1961		1
23709	ADALBERTO FERREIRA	Vendas	Vendedor	28/6/1961		1
19854	ADALGISA DE LOURDES ULIAN SANTOS	Logistica	Auxiliar Logistica	26/1/1961		1
60490	ADAO FERNANDES MARTINS	Vendas	Vendedor	26/10/1964		204
40796	ADAO GIACOMET	Vendas	Vendedor	18/2/1963		2
166618	ADAO MOREIRA MARTINS	Vendas	Vendedor	11/6/1971		97
265667	ADAO RENATO MARTINS	Recuperação d	Auxiliar Recuperação Crédito	21/1/1977		1
597479	ADAO SOARES MARTINS	Vendas	Vendedor	24/10/1989		1
84561	ADAUTO PENARIOL	Vendas	Gerente Filial	17/3/1966		141
664886	ADDISON PESSOA	Vendas	Vendedor	21/10/1992		41
392115	ADEILTON MARTINS	Vendas	Vendedor	5/1/1982		178
500183	ADEL MARTINS MARTINS	Vendas	Vendedor	17/7/1985		178

Registro: 1 de 7833

Figura 70 Dados de Recursos Humanos

Passo 2 – Verificar se as Regras de Segregação de Funções abaixo estão sendo seguidas:

Perfil	Área	Cargo	Localidade
Formalizar Proposta Venda	Vendas	Vendedor	Filial
Conceder Desconto Venda	Vendas	Gerente Filial	Filial
Inserir Lançamento Contábil Filial	Contabilidade	Gerente Filial	Filial
Entrar Item Estoque Filial	Logística	Gerente Filial	Filial
Relatório de Vendas Filial	Vendas	Gerente Filial	Filial
Inserir Lançamento Contábil Matriz	Contabilidade	Auxiliar Contábil	Matriz
Fechar Contabilidade	Contabilidade	Gerente Contábil	Matriz
Conciliar Estoque Filiais	Logística	Gerente Logística	Matriz

Inserir Conta a Pagar	Contas a Pagar	Auxiliar Contas a Pagar	Matriz
Inserir Conta a Receber	Contas a Receber	Auxiliar Contas a Receber	Matriz
Aprovar Contas a Pagar/Receber	Contas a Pagar/ Receber	Gerente Contas a Pagar/Receber	Matriz
Fechar Folha de Pagamento	RH	Gerente RH	Matriz
Gerar Relatórios Contábeis	Contabilidade	Gerente Contábil	Matriz
Renegociar Dívida de Cliente	Recuperação de Crédito	Auxiliar Recuperação Crédito	Matriz

2.1 - Relacione em uma Consulta as tabelas RH e Acessos ao ERP pelo campo que têm em comum: Funcional

Traga todas as informações que te permitam concluir algo: Funcional, Nome, Área, Cargo e Perfil

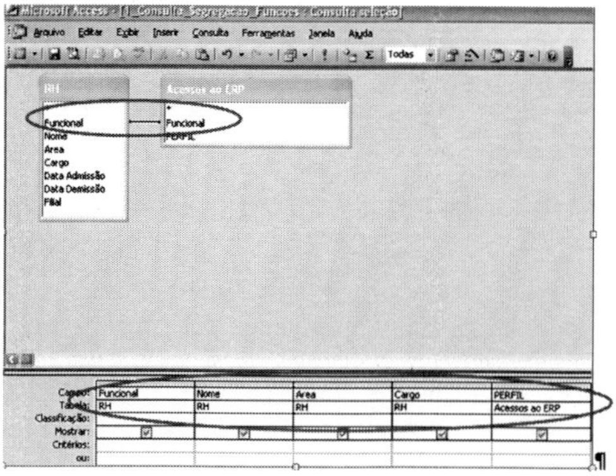

Figura 71 Funcionários RH vs Acessos ERP

2.2 - Verificar as Regras de Segregação de Funções implantadas:

2.2.1 - Escolha um perfil crítico exemplo:

Perfil	Área	Cargo	Localidade
Fechar Contabilidade	Contabilidade	Gerente Contábil	Matriz

2.2.2 - A partir daí fazemos 2 testes:

TESTE 1 - Verificamos quem tem acesso ao perfil:

A – Define-se o critério – Perfil "Fechar Contabilidade"

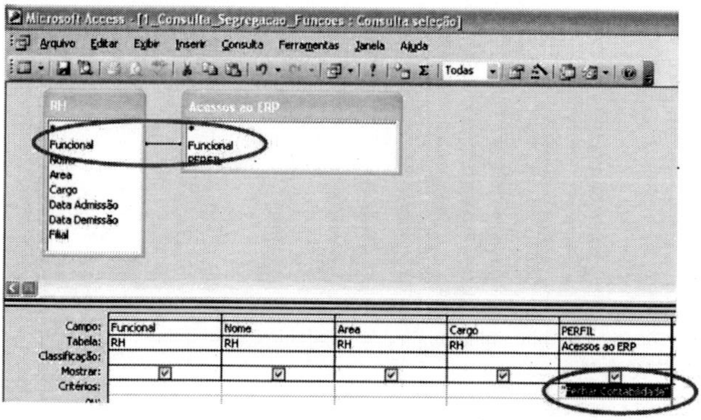

Figura 72 Consulta critério "Fechar Contabilidade"

B – Verifica-se o Resultado:

Existe Auxiliar Contábil fechando a Contabilidade? PROBLEMAS à vista...

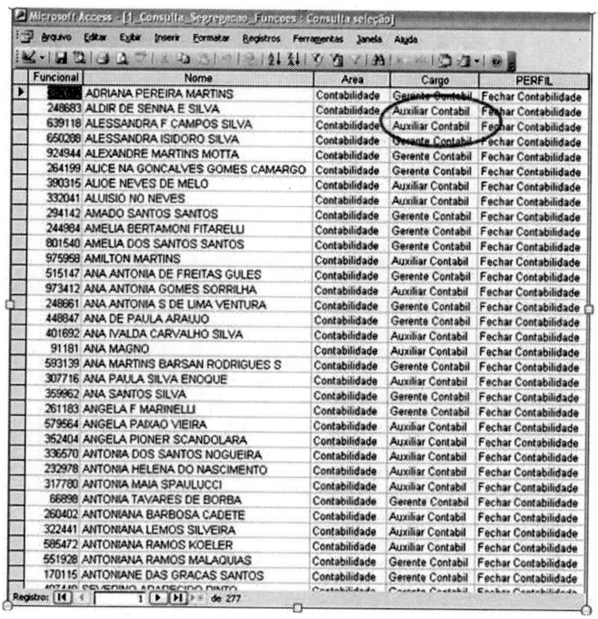

Figura 73 Resultado critério "Fechar Contabilidade"

TESTE 2 - Vemos quem tem acesso ao perfil com cargo diferente do especificado

A – Definem-se critérios – Cargo diferente de "Gerente Contábil" e Perfil igual a "Fechar Contabilidade"

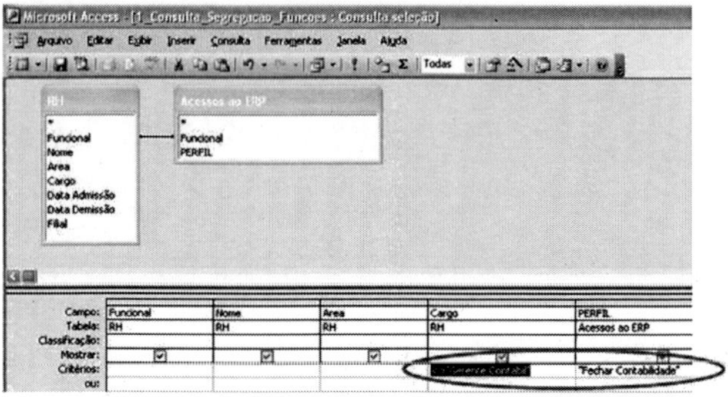

Figura 74 Consulta critério diferente "Gerente Contábil" e "Fechar Contabilidade"

B – Verifica-se o Resultado:

- Veja quantos problemas! 139 ocorrências de perfis incorretos.
- Auxiliar Contábil, Gerente de Logística, Gerente de Contas a Pagar fechando contabilidade?
- Estas atividades são autorizadas apenas ao Gerente de Contabilidade!

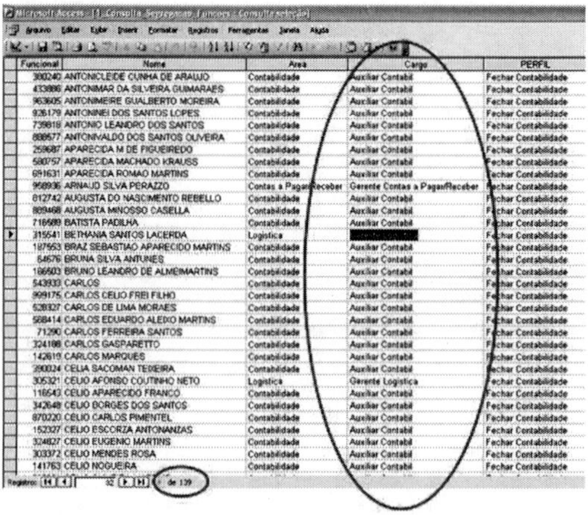

Figura 75 Resultado Critério diferente "Gerente Contábil" e "Fechar Contabilidade"

Passo 3 – Verificar se existem demitidos na base de Acessos ao Sistema

Relacione em uma Consulta àstabelas RH e Acessos ao ERP pelo campo que têm em comum: Funcional

Traga todas as informações que te permitam concluir algo: Funcional, Nome, Data Demissão, Perfil.

A – Define-se o critério – Trazer apenas pessoas com acesso ativo e com data de demissão “Diferente de Nulo”.

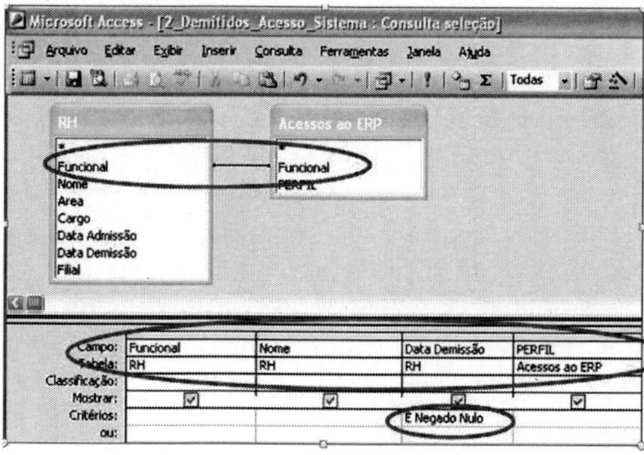

Figura 76 Consulta critério pessoas com acesso ativo e com data de demissão

B – Verifica-se o Resultado:

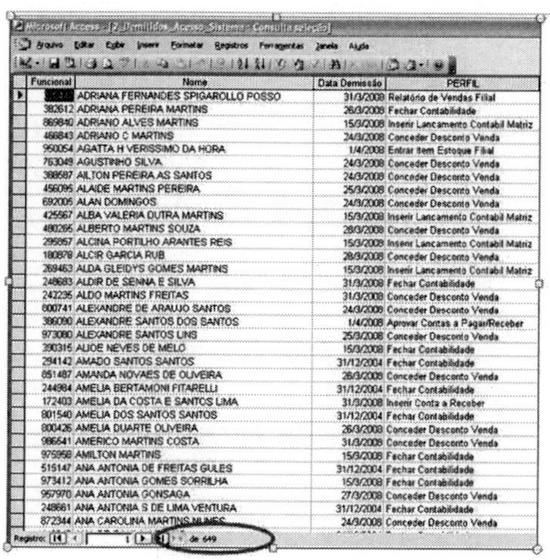

Figura 77 Resultado critério pessoas com acesso

ativo e com data de demissão

- Veja só! Listamos 649 demitidos com acesso ativo!
- Esses acessos devem ser excluídos IMEDIATAMENTE!

Passo 4 – Emitir recomendações aos problemas identificados:

ACESSOS EM DESACORDO COM AS REGRAS CORPORATIVAS DE SEGREGAÇÃO DE FUNÇÕES

- Existem 139 ocorrências de acesso ao “Fechar Contabilidade” perfil atribuído a cargos diversos, entre eles, Auxiliar Contábil, Gerente de Logística, Gerente de Contas a Pagar.
- A inexistência de adequada segregação de funções aos acessos concedidos impossibilita a implantação dos procedimentos corporativos definidos, ocasionando problemas de confiabilidade às informações gerenciadas pelos sistemas de informação.

Recomendação:

- Restringir acesso ao perfil Fechar Contabilidade apenas ao Gerente de Contabilidade.

ACESSOS ATIVOS DE DEMITIDOS AO SISTEMA ERP

Identificamos 649 demitidos com acesso ativo àbase de acessos ao sistema de Gestão Empresarial - ERP.

- A inexistência de procedimentos formalmente estabelecidos para a concessão, revisão e remoção de acesso aos sistemas de informação, possibilita que autorizações de acesso sejam concedidas ou mantidas diferentemente das normas ou padrões estabelecidos pela empresa.
- Estas autorizações de acesso permanecem ativas após o desligamento dos funcionários ou terceiros, causando danos às informações sem a possibilidade de identificação do respectivo autor.

Recomendação:

- Definir processos de concessão, revisão periódica e remoção de acessos.

- Excluir acessos em desacordo com as políticas e normas vigentes de Segurança da Informação.

Resolução - Exercício VIII – Segurança Física

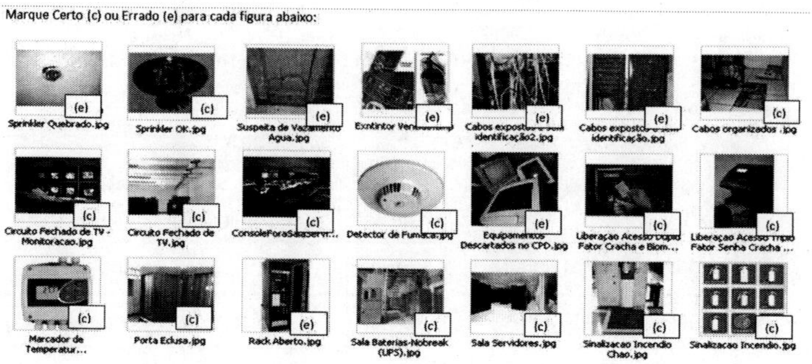

Figura 78 Resultado Segurança Física

Resolução Exercício IX – Estudo de Caso: Risco Financeiro

Dúvida: As comissões pagas no exercício 30/01/2009 foram lançadas corretamente?

1) Com o respectivo balancete precisamos validar os lançamentos efetuados para contas de lançamentos para Receita de Comissões – Comissões.

2) Avaliar os lançamentos realizados para comissões de vendedo-

res, qual o cargo de quem os realiza ? São os próprios Vendedores ou o pessoal de Contas a Pagar/Receber?

3) Conseguimos identificar plenamente quem realizou o lançamento ?

4) Identificar se existem demitidos fazendo lançamentos de comissões.

5) Emitir recomendações se houver problemas.

Premissas

- Necessitamos do Balancete e dos lançamentos contábeis do sistema de contabilidade (ERP) de 31/01/2009.
- Emitir recomendações se houverem problemas identificados.
- Obter arquivos de balancete do sistema de Contabilidade (ERP) de acordo com o layout abaixo:

Campo	Tipo	Descrição
FILIAL	Numero	Código da Filial
CONTABILIZADO EM	Data	Data de Contabilização
CONTAORIGEM	Numero	Número da Conta de Origem
CONTADESTINO	Numero	Número da Conta de Destino
VLRDEBITO	Valor	Valor a Credito
VLRCREDITO	Valor	Valor a Débito
DESCRICAO	Texto	Descrição do Lançamento
FUNCIONAL	Texto	Usuário Responsável
TIPO	Texto	Tipo do Lançamento

- Obter também o arquivo de Recursos Humanos

Resolução:

Passo 1 – Obter os arquivos para avaliação

1.a. Balancete de 31/01/2009

ID_Conta	Tipo	Descrição	Total Crédito	Total Débito
2551	Vendas	Vendas a Clientes	0,00	13.761.882,36
2552	Caixa	Caixa e Bancos	0,00	24.479.774,99
8523	Comissões	Comissões a Vendedores	1.156.623,33	0,00
8524	Despesas Adm	Despesas Administrativas	1.250.000,00	0,00
8525	Despesas Salários	Pagamento Salário a Funcionários	9.000.000,00	0,00

8526	Impostos	Pagamentos de Impostos	7.509.772,74	0,00
8527	Obrigações Trab	Acordos de Pagamento de Dívida	6.321.888,91	0,00
	Total		**25 .238.284,98**	**38.241.657,35**

1.b. Arquivo MOVIMENTO_CONTABIL_31012009

MOVIMENTO_CONTABIL_31012009 : Tabela

FILIAL	ID_Conta	CONTABILIZADO EM	CONTAORIGEM	CONTADESTINO	VLRDEBITO	VLRCREDITO	DESCRICAO	Funcional	tipo
28	2551	30/1/2009	6539	6539	46396,161915	0	Venda a Cliente	39131A39	Vendas
25	2551	30/1/2009	6536	6536	0	0	Venda a Cliente	39131A39	Vendas
25	2551	30/1/2009	6536	6536	0	0	Venda a Cliente	39131A39	Vendas
53	2551	30/1/2009	6464	6464	0	0	Venda a Cliente	39131A39	Vendas
99	2551	30/1/2009	6463	6463	0	0	Venda a Cliente	01133H01	Vendas
17	2551	30/1/2009	6528	6528	0	0	Venda a Cliente	39131A39	Vendas
14	2551	30/1/2009	6525	6525	0	0	Venda a Cliente	39131A39	Vendas
14	2551	30/1/2009	6525	6525	0	0	Venda a Cliente	39131A39	Vendas
14	2551	30/1/2009	6525	6525	41,46239	0	Venda a Cliente	39131A39	Vendas
14	2551	30/1/2009	6525	6525	0	0	Venda a Cliente	39131A39	Vendas
14	2551	30/1/2009	6525	6525	0	0	Venda a Cliente	39131A39	Vendas
14	2551	30/1/2009	6525	6525	736,94429	0	Venda a Cliente	39131A39	Vendas
14	2551	30/1/2009	6525	6525	0	0	Venda a Cliente	39131A39	Vendas
14	2551	30/1/2009	6525	6525	0	0	Venda a Cliente	39131A39	Vendas
14	2551	30/1/2009	6525	6525	0	0	Venda a Cliente	39131A39	Vendas
14	2551	30/1/2009	6525	6525	0	0	Venda a Cliente	39131A39	Vendas
14	2551	30/1/2009	6525	6525	914,46289	0	Venda a Cliente	39131A39	Vendas
14	2551	30/1/2009	6525	6525	0	0	Venda a Cliente	39131A39	Vendas
14	2551	30/1/2009	6525	6525	82,12549	0	Venda a Cliente	39131A39	Vendas
14	2551	30/1/2009	6525	6525	8,17459	0	Venda a Cliente	39131A39	Vendas
14	2551	30/1/2009	6525	6525	792,35579	0	Venda a Cliente	39131A39	Vendas
14	2551	30/1/2009	6525	6525	0	0	Venda a Cliente	39131A39	Vendas
14	2551	30/1/2009	6525	6525	344,25339	0	Venda a Cliente	39131A39	Vendas
14	2551	30/1/2009	6525	6525	0	0	Venda a Cliente	38131A38	Vendas
14	2551	30/1/2009	6525	6525	630,79169	0	Venda a Cliente	39131A39	Vendas
14	2551	30/1/2009	6525	6525	545,04979	0	Venda a Cliente	39131A39	Vendas
14	2551	30/1/2009	6525	6525	48,98839	0	Venda a Cliente	39131A39	Vendas
14	2551	30/1/2009	6525	6525	49,09419	0	Venda a Cliente	39131A39	Vendas
14	2551	30/1/2009	6525	6525	49,12629	0	Venda a Cliente	38131A38	Vendas

Campos:

- **FILIAL:** Código da Filial
- **ID_CONTA:** Código de identificação de Conta
- **CONTABILIZADO EM:** Data de Contabilização
- **CONTAORIGEM:** Número da Conta de Origem
- **CONTADESTINO:** Número da Conta de Destino
- **VLRDEBITO:** Valor a Credito
- **VLRCREDITO:** Valor a Débito
- **DESCRICAO:** Descrição do Lançamento

- **FUNCIONAL:** número cadastro do empregado que realizou o lançamento
- **TIPO:** Tipo do Lançamento

1.c. Arquivo de Recursos Humanos

Funcional	Nome	Area	Cargo	Data Admissão	Data Demissão	Filial
[illegible]	ADRIANA DE ALMEIDA	Vendas	Vendedor	28/5/1996		21
973614	ADRIANA DE ALMEI MARTINS	Vendas	Vendedor	26/3/2007		156
734489	ADRIANA DE MORAES MARTINS	Vendas	Vendedor	13/4/1995		269
714635	ADRIANA DINALI MARTINS	Vendas	Gerente Filial	23/5/1994		97
750490	ADRIANA DOS SANTOS SANTOS	Vendas	Gerente Filial	21/2/1996		269
228447	ADRIANA FERNANDES SPIGAROLLO POSSO	Vendas	Vendedor	23/5/1974	31/3/2008	248
770404	ADRIANA FERREIRA BENAVIDES MARTINS	Vendas	Vendedor	23/12/1996		97
543884	ADRIANA FIALHO MARTINS	Vendas	Gerente Filial	8/2/1987		24
768862	ADRIANA FONTES ROCHA EXPOSITO MARTINS	Vendas	Gerente Filial	24/10/1996		24
247358	ADRIANA GALLICCHIO FONSECA	Contabilidade	Auxiliar Contabil	20/5/1975		1
551845	ADRIANA GOMES MARTINS FONTES	Vendas	Vendedor	19/5/1987		171
634791	ADRIANA GOMES MARTINS	Vendas	Vendedor	3/3/1991		171
669217	ADRIANA GOMES MARTINS SOUZA	Vendas	Vendedor	24/12/1992		122
322149	ADRIANA GOULART MARTINS	Vendas	Vendedor	9/1/1980		155
782046	ADRIANA MARTINS SILVA XAVIER	Vendas	Vendedor	23/6/1997		82
945370	ADRIANA MONTEIRO MARTINS	Vendas	Vendedor	19/1/2006		97
612769	ADRIANA NOBRE MARTINS	RH	Gerente RH	4/6/1990		1
382612	ADRIANA PEREIRA MARTINS	Contabilidade	Gerente Contabil	17/10/1981	26/3/2008	1
277573	ADRIANA PIOZON RUIZ SIOZ	Vendas	Vendedor	2/3/1978		36
95729	ADRIANA PRISCILA SILVA	Vendas	Vendedor	3/1/1967		70
227246	ADRIANA SILVA FERREIRA ARAUJO	Contabilidade	Auxiliar Contabil	28/4/1974		1
477209	ADRIANA SUDARIO PIRES	Contas a Rece	Auxiliar Contas a Receber	23/7/1984		1
509964	ADRIANA VILELA MARTINS	Vendas	Vendedor	9/12/1985		197
796804	ADRIANE APARECIDA SILVA	Vendas	Vendedor	13/9/1998		66
497725	ADRIANE FERREIRA SILVA	Vendas	Vendedor	13/6/1985		82
258966	ADRIANE WEBER RIBEIRO	Vendas	Gerente Filial	7/12/1975		228
869840	ADRIANO ALVES MARTINS	Contabilidade	Auxiliar Contabil	16/11/2002	15/3/2008	1
298759	ADRIANO BELOTO	Vendas	Vendedor	15/3/1979		148
466843	ADRIANO C MARTINS	Vendas	Vendedor	30/3/1984	24/3/2008	148
786617	ADRIANO COLETTI MARQUES	Contas a Rece	Auxiliar Contas a Receber	9/12/1997		1
763705	ADRIANO DE CAMARGO	Vendas	Vendedor	11/8/1996		1
846776	ADRIANO DIAS DE ANDRADE SANTOS	Vendas	Vendedor	17/1/2002		39
808598	ADRIANO EDUARDO MARTINS	Vendas	Gerente Filial	9/12/1999		223

Campos:

- **Funcional:** número cadastro do empregado
- **Nome**: do empregado
- **Área:** do empregado
- **Cargo**: do empregado
- **Data Admissão**: do empregado
- **Data Demissão**: do empregado
- **Filial:** Código da Filial

Passo 2 – **Executar testes, relembrando o enunciado do exercício abaixo:**

1. Com o respectivo balancete precisamos validar os lançamentos efetuados para contas de lançamentos para Receita de Comissões - Comissões
2. Avaliar os lançamentos realizados para comissões de vendedores, qual o cargo de quem os realiza? São os próprios Vendedores ou o pessoal de Contas a Pagar/Receber?
3. Conseguimos identificar plenamente quem realizou o lançamento?
4. Identificar se existem demitidos fazendo lançamentos de comissões.
5. Emitir recomendações se houver problemas.

Abaixo, o passo a passo de cada teste:

TESTE 1 - Com o respectivo balancete precisamos validar os lançamentos efetuados para contas de lançamentos para Receita de Comissões - Comissões

Validar lançamentos das Receitas de Comissões, ou seja, validar os valores da base de dados a partir do balancete abaixo:

ID_Conta	Tipo	Descrição	Total Crédito	Total Débito
2551	Vendas	Vendas a Clientes	0,00	13.761.882,36
2552	Caixa	Caixa e Bancos	0,00	24.479.774,99
8523	Comissões	Comissões a Vendedores	1.156.623,33	0,00
8524	Despesas Adm	Despesas Administrativas	1.250.000,00	0,00
8525	Despesas Salários	Pagamento Salário a Funcionários	9.000.000,00	0,00
8526	Impostos	Pagamento de Impostos	7.509.772,74	0,00
8527	Obrigações Trab	Acordos de Pagamento de Dívida	6.321.888,91	0,00
	TOTAL		25.238.284,98	38.241.657,35

Executando a consulta abaixo

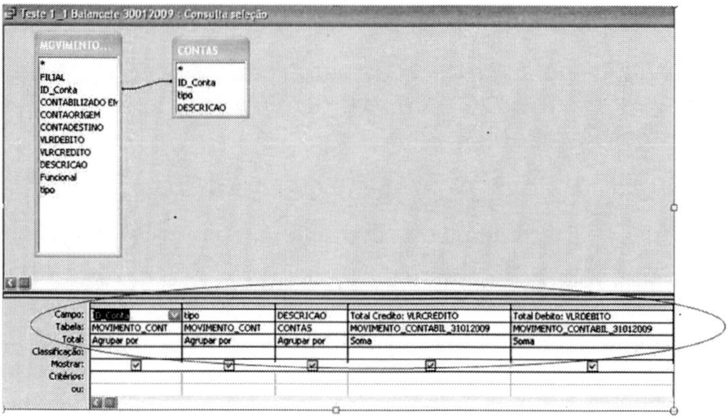

Figura 79 Agrupado do movimento contábil

Resultado Teste 1:

Eis o mesmo valor de comissões (R$ 1.156.623,33) no Balancete - OK Batido !

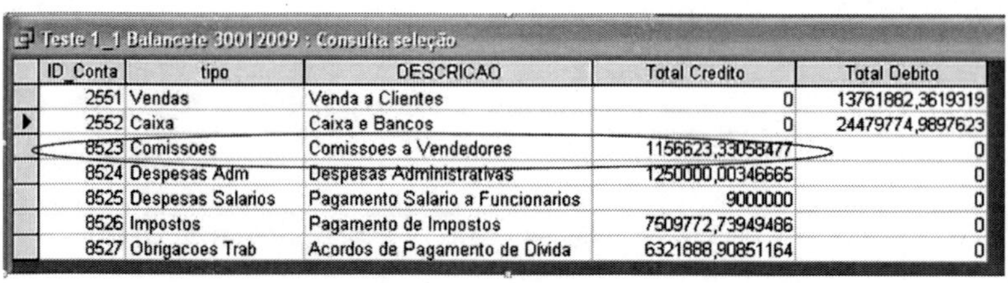

Teste 1_1 Balancete 30012009 : Consulta seleção

ID_Conta	tipo	DESCRICAO	Total Credito	Total Debito
2551	Vendas	Venda a Clientes	0	13761882,3619319
2552	Caixa	Caixa e Bancos	0	24479774,9897623
8523	Comissoes	Comissoes a Vendedores	1156623,33058477	0
8524	Despesas Adm	Despesas Administrativas	1250000,00346665	0
8525	Despesas Salarios	Pagamento Salario a Funcionarios	9000000	0
8526	Impostos	Pagamento de Impostos	7509772,73949486	0
8527	Obrigacoes Trab	Acordos de Pagamento de Dívida	6321888,90851164	0

Figura 80 Resultado do movimento contábil na base

TESTE 2 - Avaliar os lançamentos realizados para comissões de vendedores..Qual o cargo de quem os realiza? São os próprios Vendedores ou o pessoal de Contas a Pagar/Receber?

Validar o executor dos lançamentos de comissões, ele foi realizado pelo próprio vendedor?

Caso positivo, há conflito de interesses – Vendedor lançando a própria comissão - **Devemos apontar!**

Primeiramente fazemos uma consulta para listar as comissões pagas:

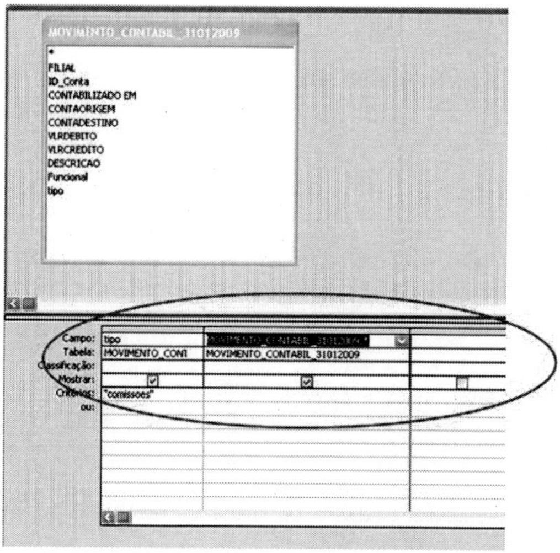

Figura 81 Consulta de comissões pagas

Visualmente já observamos alguns problemas – Vendedor 31322831 lançando comissões para ele próprio!

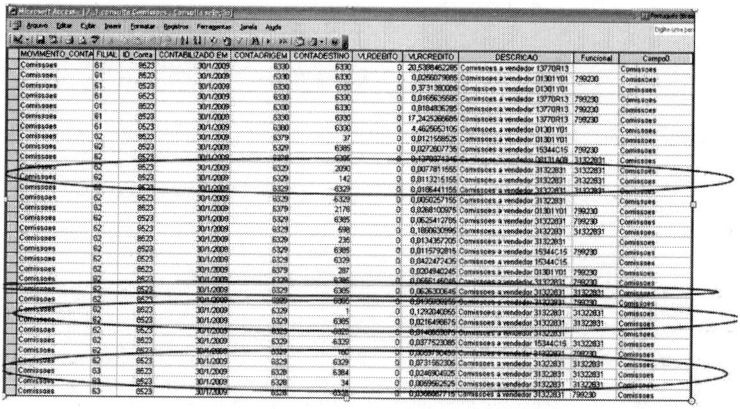

Figura 82 Resultado consulta de comissões pagas

Contudo, vamos focar na consulta para pegar <u>TODOS OS CASOS</u>.

Obtemos, da descrição do lançamento, a funcional do favorecido e comparamos com a funcional de quem lançou.

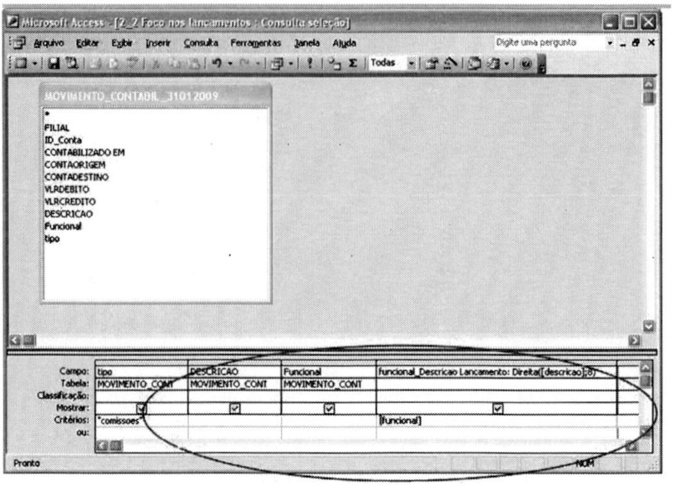

Figura 83 Consulta de comissões pagas pelo próprio vendedor

Resultado Teste 2:

<u>50.190</u> casos de lançamentos em que o respectivo colaborador <u>lançou comissões para ele próprio</u>!

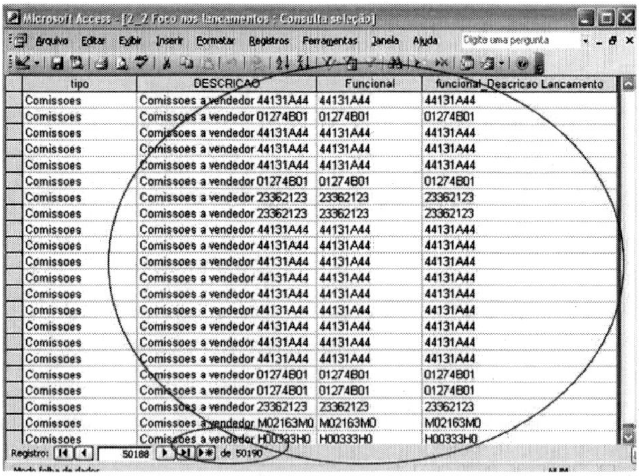

Figura 84 Resultado de comissões pagas pelo próprio vendedor

TESTE 3 - Conseguimos identificar plenamente quem realizou o lançamento?

Identificação dos responsáveis pelos lançamentos de Comissões na base de RH.

Se existirem funcionários de áreas que sejam diferentes de contas a pagar e receber - área responsável por tais lançamentos, nós devemos reportar. **Procedimento:**

- Relacionamos os campos funcional de Movimento Contábil com a base de RH;
- Definimos tipo de lançamento "comissões";
- Trazemos as pessoas com cargo diferente de "contas a Pagar/ Receber".

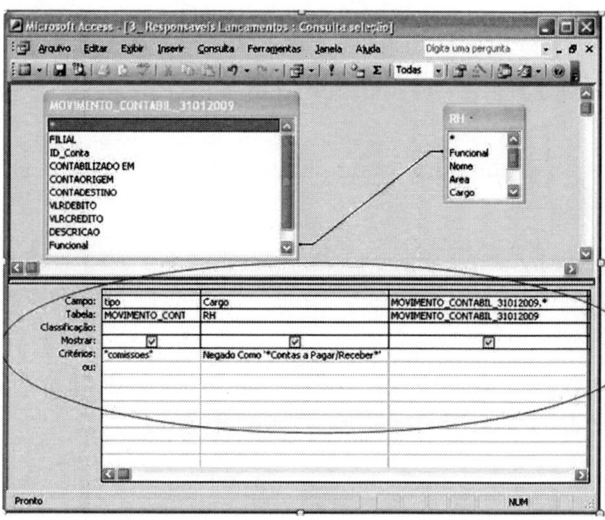

Figura 85 Consulta de lançamentos de áreas diferentes de contas a pagar/receber

Resultado Teste 3:

<u>38.900</u> casos de lançamentos <u>efetuados por pessoas de fora da área de contas a pagar e receber !</u>

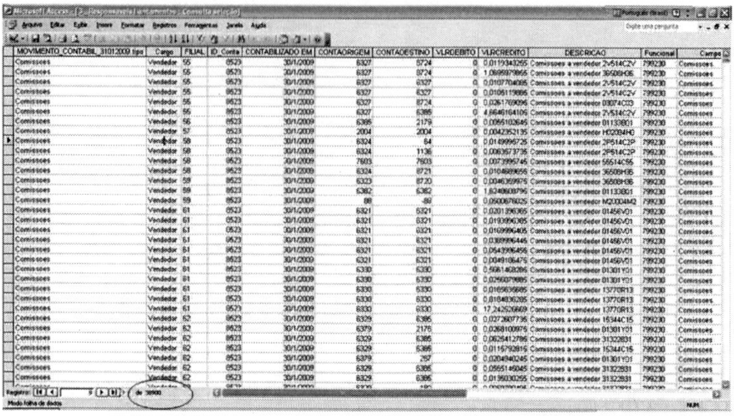

Figura 86 Resultado de lançamentos de áreas diferentes de contas apagar/receber

TESTE 4 - Identificar se existem demitidos fazendo lançamentos de comissões.

Varremos a base àprocura de demitidos, fazendo lançamentos e procedimento abaixo:

- Relacionamos o campo funcional das bases de RH e Movimento Contábil;
- Trazemos apenas demitidos da base de RH;
- Definimos o tipo de lançamento como "comissões",
- Trazemos os demais campos da tabela de movimento contábil-lançamento.

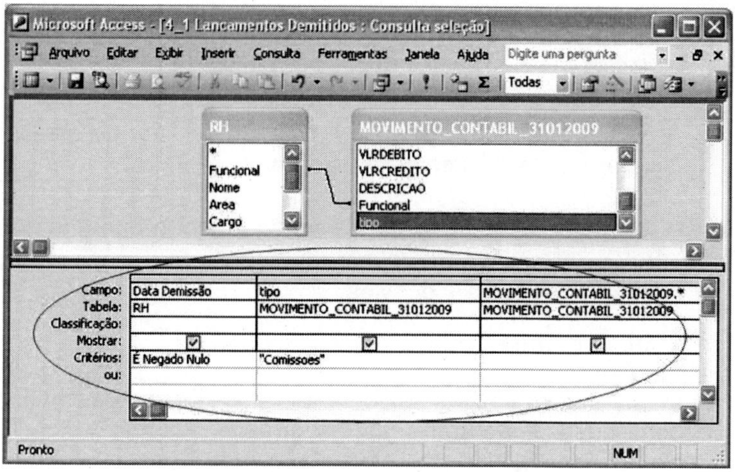

Figura 87 Consulta de demitidos

Resultado Teste 4:

<u>1365</u> casos de lançamentos de comissões <u>efetuados por funcionários DEMITIDOS – indício alto de FRAUDE – outras pessoas se utilizando destes acessos !</u>

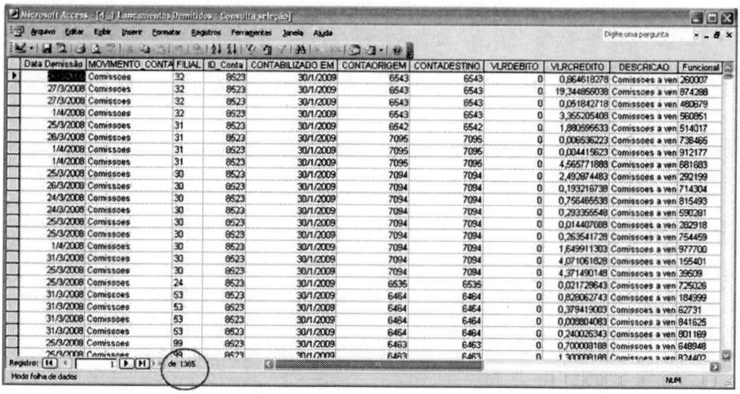

Figura 88 Resultado lançamentos de funcionários demitidos

TESTE 5 - Emitir recomendações, se houver problemas

LANÇAMENTOS DE COMISSÕES EFETUADOS PELO PRÓPRIO COLABORADOR

- Atestamos 50.190 casos de lançamentos em que o respectivo colaborador lançou comissões para ele próprio.
- A ausência de segregação de funções, entre quem faz e quem aprova, dificulta o controle e conferência às ações realizadas, bem como eventuais desvios.

Recomendações

- Impossibilitar, através de controle sistêmico, que lançamentos de comissões sejam realizados pela mesma pessoa que se beneficia do mesmo.

LANÇAMENTOS DE COMISSÕES EFETUADOS POR ÁREAS DIFERENTES DE CONTAS A PAGAR/RECEBER

- Identificamos 38.900 casos de lançamentos efetuados por colaboradores externos na área de contas a pagar e receber.
- A possibilidade de tais lançamentos, realizados por pessoal externo nas áreas de contas a pagar/receber, impossibilita o controle de recursos financeiros aos lançamentos efetuados.

Recomendações

- Restringir através de controle sistêmico, a aprovação de lançamentos de comissões apenas por pessoal da área de contas a pagar/receber.

LANÇAMENTOS DE COMISSÕES EFETUADOS POR FUNCIONÁRIOS DEMITIDOS

Existem 1365 casos de lançamentos de comissões efetuados por funcionários demitidos, conforme registros obtidos nas bases de Recursos Humanos.

A inexistência de procedimentos para a remoção de acesso aos sistemas de informação possibilita que autorizações de acesso sejam mal utilizadas, inclusive para a realização de atos fraudulentos sem a possibilidade de identificação do verdadeiro autor.

Recomendações:

- Revisão dos acessos concedidos e exclusão imediata de acessos de transferidos e demitidos ao sistema de lançamentos de comissões.

Anexo 5

Glossário

Agente Responsável pela Segurança da Informação - É o "Hacker Ético", este detém conhecimentos de negócio e tecnologia (programação e redes), contratado por grandes empresas, para mapear os riscos e vulnerabilidades dos clientes quanto ao seu negócio suportado pela tecnologia. Dentre este mapeamento estão incluídos até mesmo ataques a alvos e sistemas pré-determinados.

Análise Forense - A definição de técnicas para a identificação e coleta de evidências digitais é essencial para uma possível ação judicial contra o autor de um ataque a ativos de informação bem sucedido. Este fato faz com que a criação de metodologias para identificar evidências se torne um dos pontos mais importantes de uma análise forense computacional.

Ativo de informação - Ativo é tudo aquilo que tem valor para uma empresa. Quando o assunto é segurança da informação, por "ativos de informação" devemos compreender um conjunto mais abrangente de ativos, que contempla informações geradas/manuseadas, sistemas, pessoas e ambientes físicos, entre outros.

Backbone – "Espinha dorsal"– denominação para grandes redes de computadores. A Rede é a espinha dorsal do sistema inteiro de comunicação interligando os principais pontos de cada rede entre si. Ex: O Backbone da Internet transmite uma grande quantidade de dados.

Backup - Cópia de segurança - Em informática, cópia de segurança é a cópia de dados de um dispositivo de armazenamento a outro, para que possam ser restaurados em caso da perda dos dados originais, ocasionado por incidentes diversos, desde apagamentos acidentais até a corrupção/perda de dados.

Balancete - É um demonstrativo de verificação, anterior ao balanço, que relaciona cada conta contábil da empresa com o respectivo saldo devedor ou credor. Tal forma que se os lançamentos foram corretamente efetuados, de acordo com o Método das Partidas Dobradas, o total da coluna dos saldos devedores deve ser igual ao total da coluna dos saldos credores.

Banda/ largura de banda - No Brasil, Banda Larga, segundo definição da Anatel, é qualquer conexão de dados permanente e/ou com velocidade de transferência de dados superior a 128 Kbps. Por outro lado a UTI (União Internacional de Telecomunicações) define taxas de pelo menos 2 Mbps em velocidade de transferência de dados para o conceito de Banda Larga.

Baseline – Um baseline ou "molde" de serviços de Tecnologia de Informação é a coleção das definições de configuração que podem ser aplicados, por exemplo, a um controlador de domínio do Windows Active Directory, usuários ou a uma estação de trabalho.

Bug – Inseto em inglês - refere-se em TI a um erro no funcionamento comum de um software, também chamado de falha na lógica de programação em programa de computador, e pode causar desvios de objetivo, ou impossibilidade de realização, de uma determinada ação. Bugs podem causar falhas de segurança, principalmente em programas que tem alguma forma de conexão a Internet, como é o caso de navegadores (browsers) e clientes de e-mail, pois crackers podem se aproveitar dessas brechas para terem acesso a informações e arquivos contidos no computador infectado. São comuns bugs em programas em desenvolvimento, mas, quando descobertos, estes devem ser prontamente consertados por seu programador ou equipe de desenvolvimento.

Chaves primárias – Em inglês Primary Keys ou PK - sob o ponto de vista de um banco de dados relacional, referem-se às tuplas/registros: conjuntos de um ou mais campos de uma tabela de banco de dados. Os valores, considerando a combinação de valores de todos os campos do registro, nunca se repetem e podem ser usadas como um índice para os demais campos da tabela do banco de dados. Em chaves primárias, não pode haver valores nulos nem repetição de registros. Simplificando, quando a chave primária é simples, ou seja, é formada por um único campo da tabela, esse campo não pode ter dois ou mais registros de mesmo valor, e também não pode conter nenhum registro nulo (vazio ou inválido). Se a chave primária é composta, ou seja, formada por mais de um campo, os valores de cada campo podem se repetir, mas não a combinação desses valores.

Collocation - Consiste na hospedagem física de equipamentos de TI de propriedade de um cliente, oferecendo o terceiro responsável pela hospedagem, toda infraestrutura, energia, rede lógica, monitoramento ininterrupto, segurança e recursos necessários para que a(s) aplicação(ões) envolvida(s) permaneça(m) sempre no ar.

Cracker - Quem invade sistemas de segurança para roubar informações e usá-las em proveito próprio, estes podem ser funcionários ou ex-funcionários descontentes de empresas, ou fraudadores profissionais.

Crash de disco rígido (HD) – Pane generalizada em um disco rígido, impossibilitando a sua recuperação e muitas vezes também a recuperação dos dados contidos no mesmo.

Data Center - Um DataCenter é uma modalidade de serviço de valor agregado que oferece recursos de processamento e armazenamento de dados em larga escala para que organizações de qualquer porte e mesmo profissionais liberais possam ter ao seu alcance uma estrutura de grande capacidade e flexibilidade, alta segurança, e igualmente capacitada do ponto de vista de hardware e software para processar e armazenar informações

Discos – Unidades de armazenamento de dados como Hard Drive (HD) – Disco Rígido, Unidades/Appliances de Storage, etc.

ERP - Enterprise Resource Planning (Sistemas Integrados de Gestão Empresarial) são sistemas de informação que integram todos os dados e processos de uma organização em um único sistema. A integração pode ser vista sob a perspectiva funcional (sistemas de: finanças, contabilidade, recursos humanos, fabricação, marketing, vendas, compras, etc) e sob a perspectiva sistêmica (sistema de processamento de transações, sistemas de informações gerenciais, sistemas de apoio a decisão, etc.). Os ERPs em termos gerais são plataformas de software desenvolvidas para integrar os diversos departamentos de uma empresa, possibilitando a automação e armazenamento de todas as informações de negócios.

Espelhamento de discos – Esta metodologia também denominada RAID - Redundant Array of Inexpensive Disk - Conjunto Redundante de Discos faz com que o conteúdo de um disco rígido ou unidade de armazenamento/storage seja inteiramente copiado para um segundo disco rígido (ou mais discos), de forma automática. Se o disco rígido ou unidade de storage principal ficar indisponível, o segundo entra em ação automaticamente.

Extranet - A Extranet de uma empresa é a porção da rede interna de computadores (backbone) que faz uso da Internet para partilhar com segurança parte do seu sistema de informação com o mundo externo ("rede extra-empresa"), tais como representantes e clientes. Outro uso comum do termo Extranet ocorre na designação da "parte privada" de um site, onde somente "usuários registrados" podem navegar previamente autenticados por sua senha (login).

Falso-negativo – Situação identificada durante processo de tunning/ajustes em configuração de alarmes em dispositivos/hardware ou software refere-se a problema ou ocorrência que não é alarmada, quando deveria ser.

Falso-positivo – Situação identificada durante processo de tunning/ajustes em configuração de alarmes em dispositivos/hardware ou software refere-se a algo alarmado como problema ou ocorrência quando de fato não é.

Força Bruta – Brute Force Attack - Um Ataque de Força Bruta caracteriza-se por uma tentativa continuada de obter acesso a uma base de usuários de um sistema operacional, appliance/dispositivo ou serviço do sistema (ssh, smtp, http, etc.), tentando diversas combinações de nome do usuário e senha. Para levar a cabo este ataque, o atacante pode usar um software que gere diversas combinações de caracteres ou basear-se numa lista de palavras (dicionário). Em ambos os casos, um ataque deste gênero é grande consumidor de recursos de processamento e potencialmente bastante perigoso, especialmente se os usuários do sistema não tiverem um mínimo de cuidado na escolha das suas senhas.

Gateway – Ou portal de ligação, é uma máquina/host intermediária geralmente destinada a interligar redes, separar domínios de colisão, ou mesmo traduzir protocolos. Exemplos de gateway podem ser os routers (ou roteadores) e firewalls, já que ambos servem de intermediários entre o utilizador e a rede. Um Proxy (controle de acesso à saída de usuários para internet) também pode ser interpretado como um gateway (embora em outro nível, aquele da camada em que opera), já que serve de intermediário também.

Hackers (éticos ou não) – Especialistas/ Profissionais em segurança, programação e redes. O termo também é usado negativamente para designar aqueles que invadem sites por diversão – "hackers não-éticos" - neste último caso seria um "pichador/malfeitor" da internet.

Host – Em informática, host é qualquer máquina ou computador conectado a uma rede. Os hosts variam de computadores pessoais a supercomputadores, dentre outros equipamentos, como roteadores. Todo host na Internet precisa obrigatoriamente apontar (representar) um endereço IP. Através dos comandos Ping ou WHOIS, do software de administração de rede, pode-se obter mais informações sobre o endereço IP de determinado Host. De outro lado, nem todo endereço IP precisa representar um host.

Incidente de Segurança - Os incidentes de segurança são quaisquer eventos adversos, confirmados ou sob suspeitas, que possam ameaçar a segurança da informação dos sistemas ou das redes de computadores. Exemplos práticos de incidentes são negação de serviço, violação da política de segurança, tentativas para ganhar acessos não autorizados, contaminação por vírus, evasão de IDS/IPS, exploração de dispositivos e serviços através de códigos maliciosos/zero days, entre outros.

Incidente de Tecnologia - Segundo o framework de boas práticas ITIL, incidente é todo evento que não faz parte da rotina do modelo de gestão de um serviço, podendo causar uma interrupção ou redução na qualidade do serviço prestado. Gerenciar incidentes é garantir que estes eventos atípicos sejam solucionados o mais breve possível, minimizando o impacto e garantindo que estes atendam aos níveis de serviços pré-estabelecidos entre TI e corporação. E ainda, para propiciar uma eficácia na Gestão de Incidentes (GI) existe a necessidade da interação com outros processos de gerenciamentos do ITIL, especialmente, Gerenciamento de Problemas e Gerenciamento de Mudança.

IPL - Abreviação em inglês para Initial Program Load ou Carregamento Inicial de Programa, ou seja, o processo de carregamento do sistema operacional de um mainframe para a memória principal do computador. IPL é o equivalente de mainframe ao BOOT, inicio ou reinicio em computador pessoal, tablet, smartphone, etc.

IPL - Abreviação em inglês para Initial Program Load ou Carregamento Inicial de Programa, ou seja, o processo de carregamento do sistema operacional de um mainframe para a memória principal do computador. IPL é o equivalente de mainframe ao BOOT, inicio ou reinicio em computador pessoal, tablet, smartphone, etc.

KPI - Indicadores Chave de Desempenho, em inglês Key Performance Indicator (KPI), utilizados em frameworks como COBIT, traduzem para a linguagem de negócios e medem o nível de desempenho do processo de Tecnologia da Informação, focando no “como” e indicando o nível de maturidade dos processos, em linha com o alcance dos objetivos estratégicos do negócio da empresa. Os KPIs podem ser um "canal comunicação" entre objetivos de negócio e operações de TI. Permitem que os executivos da alta administração comuniquem a missão e visão da empresa ao nível operacional, envolvendo diretamente todos os colaboradores na realização dos objetivos estratégicos da empresa através da TI.

Lançamentos contábeis - Lançamento é o registro dos fatos contábeis (aqueles que provocam mudanças na composição do patrimônio da entidade/empresa), efetuados de acordo com o método das partidas dobradas. É feito em ordem cronológica e obedecendo a determinada técnica. O lançamento é feito nas contas Patrimoniais, pertencentes ao grupo do ATIVO, PASSIVO EXIGÍVEL e PATRIMÔNIO LÍQUIDO, e nas contas de Resultado, representadas pelas RECEITAS e DESPESAS.

Links de comunicação/dados – Ou data link em inglês - Em telecomunicações, um link/elo de dados é o método de conexão entre duas ou mais localidades, para o propósito de envio e recebimento de informações digitais. Estes são gerenciados por um protocolo de comunicação de dados, o que permite a transferência e o tratamento de possíveis erros entre os pacotes de dados transmitidos na rede, como controle de bit de integridade/paridade, e checagem de redundância cíclica de pacotes por exemplo.

Logs e Trilha de auditoria – Um problema comum em auditoria e segurança é identificar quem fez ou o que causou algo. Essa identificação é possível pela gravação e manutenção de uma trilha de ações realizadas no sistema, chamadas de trilhas de auditoria. Um log/ registro de acesso em Sistema Operacional, Aplicativo, Firewall, Proxy, PABX, etc. por si só não é uma trilha de auditoria. Mas se esse log nos permite o conhecimento, ou caminhos para direcionar ações para a efetiva descoberta de ações realizadas, esse log ou conjunto desses logs pode sim ser considerado uma trilha de auditoria.

Mídias ou Mídias Removíveis – São unidades de armazenamento de dados como: Discos Rígidos (HDs) internos e externos, Fitas DAT, Discos Ópticos (CD, DVD, Blu-Ray), Flash Drives, SD – San Disk, USB, Pen Drives, Cartões de Memória/Memory Sticks, Cartuchos Zip, os "vellhos" Floppy/Drives de Disquete, etc.

Neófito – Termo para definir um novo adepto de uma doutrina, de um método.

Off-Site Backup – Backup em local externo - para a proteção contra desastres, ou problemas no site primário de processamento de dados, muitas empresas optam pelo envio das mídias que contém os dados de backup para armazenamento em local externo, que pode ser desde um depósito simples de acesso restrito, até uma localização provida de controle de temperatura, umidade e controle de acesso físico, para melhor proteção.

Pacotes de Rede – Em uma rede de computadores ou telecomunicações, pacote, trama ou datagrama é uma estrutura unitária de transmissão de dados ou uma sequência de dados transmitida por uma rede ou linha de comunicação que utilize a comutação de pacotes. A informação a transmitir geralmente é quebrada em inúmeros pacotes e então transmitida. Além da parte da informação, o pacote possui um cabeçalho, que contém informações importantes para a transmissão, como o endereço do destinatário, soma para checagem de erros, prioridades, entre outras. Um pacote deve ser completo, sem depender de trocas anteriores, porque não há qualquer conexão ou duração fixa entre dois pontos de comunicação, como ocorre por exemplo na maior parte das conversas telefônicas por voz. Se a rede de transmissão/comutação de pacotes for do tipo datagrama, cada pacote tem um tratamento independente, sem qualquer ligação com o tratamento dado aos nós de pacotes anteriores.

Schedulagem de Jobs – Agendamento de Jobs - Um Job é uma tarefa automática definida em passos que desejamos fazer repetidamente, ou somente uma vez em um horário determinado. Quando terminamos de montar os passos do Job temos que agendar sua execução, fazemos isso através de um procedimento denominado Job Scheduling ou Schedulagem de Jobs.

Script Kiddie - Pessoas que não possuem um conhecimento aprofundado de informática, mas fazem downlolad/baixa de programas para invasão, geralmente desenvolvidos pelos Hackers. Assemelham-se aos hackers apenas por atacarem por diversão.

Sequestro de sessão – Interceptação não autorizada de sessão/ conexão à Internet não cifrada/criptografada de quaisquer hosts, obtendo todos os detalhes da mesma, não se limitando a: clicks do usuário, senhas, telas, etc.

Short-List de Propostas - Lista reduzida de avaliação de propostas para serviços Tecnologia com objetivo de estabelecer processo de esclarecimento aos fornecedores, utilizando técnicas de avaliação das soluções, preço reduzindo o escopo de avaliação e focando apenas nos fornecedores que mais se adéquam aos requisitos solicitados. Após esse processo geralmente solicita-se apresentações presenciais e demonstrações dos produtos ou visitas técnicas para dar evidências de funcionamento da solução proposta.

Sistemas operacionais - Principal programa do sistema, que controla todos os recursos do computador como dispositivos físicos/funções de software, simplificando, é um programa de controle do computador. O Sistema Operacional é responsável por reservar/acessar recursos de hardware e escalonar tarefas de processamento. Ele também deve prover uma apresentação/ interface para o usuário, fornecendo uma maneira de acesso fácil a todos os recursos do computador, exemplos: teclado, monitor, mouse, impressora, modem, etc.

Site backup ou Backup site - É o local onde se monta a estrutura necessária para a ativação do Plano de Contingência de TI, esse local deverá estar localizado fora das instalações da organização, e deverá conter todos os recursos identificados como necessários para a ativação do plano. Algumas empresas optam por usar backup sites de outras empresas.

Token – Um token de segurança, ou de autenticação, é um dispositivo físico para garantir a identidade de quem o possui no momento de acesso a um determinado sistema. Ele possui funcionalidade para geração de senhas aleatórias que comprovam a posse deste na hora do acesso ao sistema, através da digitação da senha e validação desta no servidor de acesso destino.

Tráfego de rede – Volume de tráfego de pacotes em uma rede de dados.

Transações de sistema - Como um exemplo de transação pode-se considerar a transferência de fundos, uma operação bancária típica. Na verdade esta operação é realizada em dois passos (pelo menos): o débito na conta de origem dos recursos e na sequência, o crédito na conta de destino. Se não existir uma transação envolvendo os dois passos e se a primeira operação ocorrer com sucesso e a segunda falhar, o montante de dinheiro sumirá. Portanto, em casos similares, se uma operação falhar as outras operações da mesma transação devem falhar também, garantindo que a operação seja realizada como um todo ou que falhe como um todo.

Tunning – Sintonia, ajuste de hardware/dispositivos, software, ou seja, atividades de configuração com o objetivo de melhorar a confiabilidade, desempenho ou segurança (evitar falso-positivos e falso-negativos), em bancos de dados, sistemas operacionais, firewalls (controle de acesso a rede), proxies (controle de acesso a Internet), sistema de detecção de intrusos à rede (IDS), sistema de prevenção de intrusos à rede (IPS), etc.

Update - Atualização, se tratando de informática, é a expansão de algum software que demande um pacote à sua continuação.

Upgrade - É um jargão utilizado em computação com significado de atualizar, modernizar; tornar um hardware mais robusto ou mais atualizado adicionando novo equipamento ou atualizando com sua última versão.

UPS – Uninterruptable Power Supply – Suprimento de Energia Ininterrupta – dispositivos para a garantia de continuidade de suprimento energia em caso de indisponibilidades podemos exemplificar, como: baterias, no-breaks, etc.

Vírus - Em informática, um vírus de computador é um programa malicioso desenvolvido por programadores que, tal como um vírus biológico, infecta o sistema, faz cópias de si mesmo e tenta se espalhar para outros computadores, utilizando-se de diversos meios. A maioria das contaminações ocorre pela ação do usuário executando o arquivo infectado recebido como um anexo de um e-mail. A segunda causa de contaminação é por Sistema Operacional desatualizado, sem correções de segurança, que poderiam corrigir vulnerabilidades conhecidas dos sistemas operacionais ou aplicativos, que poderiam causar o recebimento e execução do vírus inadvertidamente. Ainda existem alguns tipos de vírus que permanecem ocultos em determinadas horas, entrando em execução em horas especificas.

Vulnerabilidade – A vulnerabilidade na computação significa ter uma brecha de segurança em um sistema computacional, também conhecida como bug. Esta mesma pode ser explorada em um determinado sistema ou serviço vulnerável que esteja rodando na máquina. As vulnerabilidades mais exploradas nos dias de hoje, são as do tipo buffer overflow/estouro do buffer de memória, que muitas vezes pode dar privilégios de administrador para o invasor, rodar códigos maliciosos remotamente, burlar particularidades de cada sistema, ataques de Negação de Serviço (DoS), e acesso irrestrito ao sistema. Existem ferramentas específicas para se explorar as vulnerabilidades, cada ferramenta para a sua respectiva vulnerabilidade a ser explorada (na maioria das vezes escritas em linguagem C e Assembly), essas ferramentas são chamadas de exploits/exploradores de vulnerabilidades.

Web hosting – Ou Hospedagem de Sites - É um serviço que possibilita a pessoas ou empresas com sistemas online a guardar informações, imagens, vídeo, ou qualquer conteúdo acessível por Web. Provedores de hospedagem de sites tipicamente são empresas que fornecem um espaço em seus servidores e conexão à internet a estes dados aos seus clientes.

Impressão e Acabamento
Gráfica Editora Ciência Moderna Ltda.
Tel.: (21) 2201-6662